江苏省高等教育教改重中之重课题"高职院校新商科人才'区校一体'培养模式研究与实践"（2021JSJG043）

华冬芳　薛雯霞◎著

地方高职院校适应性变革

——新商科人才"区校一体"培养实践

DIFANG GAOZHI YUANXIAO
SHIYINGXING BIANGE
——XINSHANGKE RENCAI "QUXIAO YITI" PEIYANG SHIJIAN

中国财经出版传媒集团
经济科学出版社
Economic Science Press
·北京·

图书在版编目（CIP）数据

地方高职院校适应性变革：新商科人才"区校一体"培养实践/华冬芳，薛雯霞著．－－北京：经济科学出版社，2024.7．－－ISBN 978－7－5218－6097－9

Ⅰ．G718.5

中国国家版本馆 CIP 数据核字第 2024WX8187 号

责任编辑：武献杰
责任校对：徐　昕
责任印制：邱　天

地方高职院校适应性变革——新商科人才"区校一体"培养实践

华冬芳　薛雯霞◎著

经济科学出版社出版、发行　新华书店经销

社址：北京市海淀区阜成路甲 28 号　邮编：100142

编辑部电话：010－88191441　发行部电话：010－88191522

网址：www. esp. com. cn

电子邮箱：esp_bj@ 163. com

天猫网店：经济科学出版社旗舰店

网址：http://jjkxcbs. tmall. com

固安华明印业有限公司印装

710×1000　16 开　13 印张　210000 字

2024 年 7 月第 1 版　2024 年 7 月第 1 次印刷

ISBN 978－7－5218－6097－9　定价：88.00 元

前　言

　　党的二十大报告对教育、科技和人才工作作了统一的战略部署，进一步强调了职业教育在科教兴国战略、人才强国战略和创新驱动发展战略中的重要性。"推进职普融通、产教融合、科教融汇，优化职业教育类型定位"是落实立德树人根本任务，努力培养更多的大国工匠、高技能人才的总体目标，是支撑制造强国、质量强国、航天强国、交通强国、网络强国和数字中国等国家战略全面推进的具体举措，是办好人民满意教育的重要内容。"推进职普融通、产教融合、科教融汇，优化职业教育类型定位"为职业教育指明了前进方向，赋予了时代使命，也为职业教育适应经济社会发展提出了新的要求与挑战。

　　21 世纪以来，职业教育办学规模大幅提升，现代职业教育体系不断完善。然而，长期以来，职业教育的人才培养与社会经济发展，尤其是劳动力市场需求脱节严重，与产业结构不相适应，造成技能人才的持续短缺，职业教育的社会认可度不高，对学习者的吸引力不强等问题仍是横亘于职业教育与经济社会发展间的鸿沟。产业发展的历程表明，充裕的技能供给是保证产业顺利转型升级的关键。伴随新一轮科技革命和产业变革，产业升级和经济结构调整不断加快，建设现代化产业体系迫切需要优化教育供给结构，推进我国工程教育改革发展和职普融通，提高职业教育适应性，培养具备终身学习能力、适应科技革命和产业变革需要的工程领域技术技能人才。

　　党的十八大以来，职业教育改革发展迈入高质量发展阶段，2019 年 1 月，出台《国家职业教育改革实施方案》；2020 年 9 月，出台《职业教育提质培优行动计划（2020—2023 年)》；2021 年 3 月召开全国职业教育大会；2021 年 10 月，出台《关于推动现代职业教育高质量发展的意见》；2022 年 5

月 1 日起施行新修订的《中华人民共和国职业教育法》；2022 年 12 月，出台《关于深化现代职业教育体系建设改革的意见》；等等。职业教育系列法律法规和政策文件的出台是在系统总结党的十八大以来职业教育改革发展成就基础上，对职业教育体系建设改革的擘画指引。系列文件均指明了增强职业教育适应性是我国职业教育改革的方向。2021 年，习近平总书记对职业教育工作作出重要指示，对"增强职业技术教育适应性"提出了明确要求。"增强适应性"是我国对职业教育长期办学规律的经验总结与理论结晶，抓住"职业教育适应性"，就是抓住职业教育改革的"牛鼻子"。① 适应性变革是职业教育改革的持续性主题，是职业教育高质量发展的核心内容，是现代化职业教育体系建设的关键。

地方高职院校作为职业教育重要的微观主体，是现代化职业教育体系的重要构成，是地方人力资源的重要供给地，是地方科技产出的重要产出地。地方高职院校应在地方社会经济发展中找准自身地位，主动适应区域经济社会发展新常态，密切与地方主导产业的关系，充分履行在人才培养和社会服务等方面的社会责任（李增军，2024）。然而，实践层面，地方高职院校适应性变革进程与成就和社会期待、人民需求还有较大差距。提升地方高职院校适应地方社会经济发展要求的能力，提供人民满意职业教育需求的办学是地方高职院校持续性变革的持续性目标。地方高职院校如何结合自身办学资源，坚定持续性变革目标，深入推进产教融合、科教融汇，探索一条特色鲜明的适应性发展之道是每所地方高职院校必须应答的改革议题。

于此，本书系统梳理职业教育适应性变革的时代要义，从地方职业院校的发展特征基础出发，运用利益相关者理论和供需理论等理论方法与工具，系统梳理地方高职院校适应性变革发展趋势，辨析地方高职院校适应性变革中面临的挑战，围绕新商科人才培养需求与环境变化，从院校合作和产教深度融合等多个维度辨析新商科人才培养的适应性变革，结合实际案例，为地方高职院校适应性变革提供可借鉴性经验和理论支撑。

本书由华冬芳、薛雯霞撰写，费静雯和吴桑参与了部分数据采集与案例整理，专业群建设实践成果由无锡科技职业学院商学院现代物流管理专业群

---

① 习近平：《习近平对职业教育工作作出的重要指示》，人民网，2021 年 4 月 13 日。

团队整理，感谢每一个为这本书的出版提供帮助的同事和朋友们，你们的贡献和付出使得本书能够更加完善和有深度。

作者
2024 年 6 月

目　录

第一章　地方高职院校适应性变革的时代要义

第一节　职业教育适应性变革的时代背景

2023 年 5 月 29 日，习近平总书记在主持二十届中央政治局第五次集体学习时，强调要把服务高质量发展作为建设教育强国的重要任务，要系统分析我国各方面人才发展趋势及缺口状况，根据科学技术发展态势，聚焦国家重大战略需求，动态调整优化高等教育学科设置，有的放矢培养国家战略人才和急需紧缺人才，提升教育对高质量发展的支撑力、贡献力。统筹职业教育、高等教育、继续教育，推进职普融通、产教融合、科教融汇，源源不断培养高素质技术技能人才、大国工匠、能工巧匠。[①] 2024 年 3 月 5 日，习近平总书记在参加十四届全国人大二次会议江苏代表团审议时指出："我们要实实在在地把职业教育搞好，要树立工匠精神，把第一线的大国工匠一批一批培养出来。"[②]

习近平总书记的讲话深入阐述了职业教育适应性变革的具体内涵，指明了职业教育适应性变革的具体方向，提出了职业教育适应性变革的具体要求，对于弘扬工匠精神，发展高质量职业教育，培养高素质技术技能人才、

---

①　习近平：《习近平在中共中央政治局第五次集体学习时的讲话》，人民网，2023 年 5 月 29 日。
②　习近平：《习近平总书记参加十四届全国人大二次会议江苏代表团审议时的讲话》，人民网，2024 年 3 月 5 日。

能工巧匠、大国工匠寄予了更高的期望，提供了根本遵循。职业教育作为一种类型教育，其适应性变革在不同发展阶段有着不同的时代意义。

一、职业教育适应性变革是教育服务高质量发展的基本要求

当前，我国经济社会已迈入高质量发展阶段，高质量发展具有丰富内涵，在发展形式上是贯彻创新、协调、绿色、开放、共享的新发展理念，在追求经济稳定增长的时候，更要满足人民群众的发展需求，兼顾效率与公平，实现绿色可持续发展。职业教育作为类型教育，其与我国社会经济高质量发展的关系更为紧密。

（一）提升劳动力市场高技能人才供给质量

作为与经济社会一线岗位紧密联系的教育类型，高等职业教育为高质量人力资本形成和积累创造了孵化场地，促使经济增长从"人口红利"走向"人才红利"，为经济社会发展积累了大量人力资本。职业教育通过培养劳动者的知识和技能，为未来劳动者胜任工作岗位奠定了基础，从而促进生产过程中劳动生产率的提升。职业教育的适应性变革能全面提升劳动力市场高技能人才的来源质量，优化劳动力市场人才来源结构。

（二）促进区域产业转型升级

职业教育的适应性变革能促进产业转型升级。高质量发展的基础是产业结构的转型升级，伴随着移动互联等技术的发展，数字经济快速发展，新业态、新模式、新岗位不断涌现，迫切需要一大批能适应产业高端化升级所需的高素质技术技能人才，职业教育需要围绕产业发展实施适应性变革，在人才培养规模、人才培养质量等方面发力，提供富足的劳动力生力军。富足的劳动力供给能够提高全要素生产率，对实现产业转型升级至关重要。助推产业结构向高度化迈进，实现技术技能人才链与中高端产业链有效耦合，有利于促进经济发展方式转变和产业转型升级。

二、职业教育适应性变革是促进新质生产力形成的必然选择

新质生产力以其高科技、高效能、高质量的特征，为当代经济社会的发

展设定了新的标杆。在以实体经济为核心，致力于打造现代化产业体系的战略目标指引下，这种生产力的演进不仅预示着产业结构的深刻变革和技术革新的加速，也对职业教育发展提出了新的要求。

（一）新质生产力对劳动力市场提出新要求

新质生产力的形成对劳动力市场提出了更高发展要求，对于劳动者、劳动资料和劳动对象提出了新的知识、资源等要求。对于劳动者，新质生产力强调需要具备较高的专业知识和技能水平，以适应数字化和智能化的生产环境；对于劳动资料，更注重信息化、数字化和智能化的生产方式，这与传统以物质资料为中心的生产力形成鲜明对比；对于劳动对象，不再局限于传统的物质形态，而是扩展至数据、组织结构以及管理模式等非物质形态，展现出类目剧增、虚实共存的新领域。

（二）职业教育要适应生产力发展形成新趋势

职业教育要准确把握新质生产力内涵，要在新质生产力形成过程中实施适应性变革。一是要在知识技能传授层面，除强调基本的技能知识外，更加要提升学习者在创新能力、解决复杂问题能力、跨领域协作能力以及可持续发展能力，要培养面向现代化、信息化、智能化产业发展需求的高素质复合型技能人才，不断提升劳动者综合素质和就业竞争力。二是职业教育必须进行战略性调整，主动对标国家重大战略和发展需要，构建与之相适应的技能型人才培养体系，实现人才供给与实体经济发展的高效对接。三是要根本性变革教育教学方式。要以高科技为驱动，将人工智能、大数据、云计算等新一代信息技术融入课程开发和教学实践中。进一步强化与地方产业和企业的紧密合作，通过设计定制化课程等形式，使学生能直接接触行业前沿，实现教育内容与社会经济发展的同频共振。

三、职业教育适应性变革是推动中国式现代化建设的重要过程

中国式现代化建设内涵丰富，满足人民日益增长的文化生活需要，满足人民对美好生活的向往，促进社会共同富裕是其中的重中之重。

（一）满足人民群众丰富的职业教育需求

自古以来，中华民族一直崇文重教，教育需求一直是人民最重要的现实需求。职业教育作为类型教育，是人民群众在接受技能技术方面知识的重要途径。随着新业态、新岗位的不断涌现，部分岗位在技术进步中消失殆尽。人民群众为更好地适应技术进步引起的岗位变化，会对技能教育提出新的需求，职业院校要根据需求者新的需求变化，在教学模式、专业设置、课程设计等方面积极适应。职业教育的适应性变革提升了潜在失业者的技术技能，从而起到改善民生的作用，这是中国式现代化建设的重要过程。

（二）助力乡村振兴战略实施

当前，乡村振兴战略是我国重要的发展战略，促进农民增收是其中重要的内容，职业教育是促进农民增收的重要手段。我国农村低收入人群占比大，中等收入群体占比不高，所以共同富裕的重点难点在农村。同时，高职院校培养了大批职业农民，增强了农民的增收致富技能。但随着农村经济增长方式的转型，还需不断增强高等职业教育对接乡村振兴战略培养新型职业农民的能力。

第二节　职业教育适应性变革的内涵研究

职业教育的适应性变革是一个持续的改革之题，探寻职业教育适应性，首先必须厘清何为适应性？职业教育适应性是适应什么？其所表述的内涵是什么？只有回答清晰这数个基础性问题，才能筑牢职业教育适应性变革的理论底座基石，这也是本书研究的逻辑起点。

一、适应性的基本阐释

"适应性"一词源于生态学术语，其基本释义为通过生物的遗传组成赋予某种生物的生存潜力，它决定此物种在自然选择压力下的性能。生物学领域，达尔文生物进化理论作为基础理论，其核心思想即为"物竞天择，适者生存"，强调的是适应性，适应环境的变化发展，适合自身发展要求，方能在地球生态发展史中得以生存演进。综合而言，达尔文生物进化理论是从生物生存视角，研究了生物与环境相互作用关系，认为适应性就是生物个体或群体面对其生活的环境表现出的适应性改变，譬如生物变异、遗传等都是生物作出的适应性变革的具体行为选择。

适应性是一个复杂而系统且带有普适性的概念，是事物适合客观条件和内外部各种需要的能力，是通过互动而形成的（沈兵虎等，2022）。由于事物构成的复杂性，复杂系统研究引入适应性这个概念，并逐渐形成复杂适应系统理论。复杂适应系统理论认为，微观主体与环境或其他主体进行交互作用，并在这个过程中相互学习，积累经验，进而改变自身结构与行为方式，多个主体的上述行为即会形成宏观层面的系统演变与进化。其核心观点就是微观主体通过交互作用，通过改变自身结构与行为，达到与外部环境的和谐，这与生态学适应性相一致。

随着学术研究的交叉发展，学科边界不断延伸与模糊，适应性理念思想不断应用延展到其他学科，教育领域的适应性研究不断兴起，职业教育领域的适应性研究尤甚。因为，职业教育作为一个复杂的生态系统，人才培养职能、社会服务职能等都是其基本职能，要实现这些基本职能，就必须与社会发展相互适应、相互促进，否则，职业教育必然与社会发展脱节。那么，何为职业教育的适应性？要准确阐释职业教育适应性内涵特征，本书进一步梳理职业教育适应性的相关研究，结合职业教育特性，厘清职业教育适应性的具体内涵特征。

二、职业教育适应性内涵研究

（一）职业教育适应性内涵分析视角研究

职业教育适应性具有丰富的内涵，基于研究目标的不同，学者多从特定视角开展相关研究并不断丰富其内涵。延续生态学、复杂适应系统理论研究思路，从适应性主体、主体与环境间的交互作用出发，职业教育适应性主体包括学校、受教育者等，客体包括政治环境、经济发展水平、社会环境等，涉及客体对主体的影响及主体对客体的适应两个方面。职业教育具有"双重属性":一是职业教育根据外部经济社会环境变化来调节内在发展;二是通过调整职业教育内部发展不适应的情况来促进外部经济社会的发展,从而实现职业教育与经济社会的相互促进(沈中彦和方向阳,2022)。

从职业教育主体视角来看,左和平等(2023)认为职业教育适应性,应该是职业教育供给与需求实现适度的融合发展,而这与职业教育人才培养模式直接相关,进而有必要从该视角对适应性的内涵进行剖析,为此,从经济适应、社会适应、人的适应三个方面诠释职业教育适应性基本内涵。

从职业教育整体环境来看,职业教育已完全融入现代经济社会,要适应社会发展和个体发展要求,就须具有自身机能与合法性需求,能主动、有效地展现自身价值和优势,提供最大努力程度的服务,有效引导社会对高职教育的需求,为实现自身合规律性、合目的性的发展获得人力、物力、制度等资源支持和舆论立场,这也是办学主体高职院校作为典型资源依赖型组织存续发展的内在要求。社会需求是高职教育发展的外驱动力,培养高素质技术技能人才是高职教育发展的内在逻辑,"产教融合、校企合作"是统合两者的基本途径。高职教育的适应性归根到底取决于其开展"产教融合、校企合作"培养高素质技术技能人才的质量(王亚鹏和唐柳,2021)。

此外,从哲学视角来看,对职业教育适应性的理解与人们坚持何种教育哲学观相关,故从其哲学根源进行分析,更有助于我们理解适应性的本质内涵与基本特征,找准增强职业教育适应性的策略与路径(沈兵虎等,2022)。

研究视角的拓展,进一步证实职业教育的适应性内涵丰富。综合而言,职业教育适应性内涵包括了适应主体、适应客体,时间特性、空间特性、结构特性等方面的内容,这些内容可以从宏观、中观、微观方面予以展现和观察。

(二)职业教育适应性内涵内容研究

职业教育适应性内涵涉及内容丰富,综阅文献,基于研究视角的差异,职业教育适应性指向亦有所不同。

从适应主客体来看,适应性是一种主体为更好地与客体形成良好互动,基于主观意识与目标取向,采取的主动性行动与行为,职业教育的适应性活动亦是如此。那么,职业教育的适应性主客体包含哪些具体微观组织个人呢？学者认为，职业教育适应性主体包括中央和国家部委、省级政府和行政部门、市级政府和相关部门、各级各类职业院校；职业教育适应性客体可以覆盖社会、经济、行业、企业、个人等方面（李春鹏和陈正振，2022）。

从时间属性来看，生态学认为完整的适应性包括三个时态：一是对过去时态的适应，是对外部客观存在的一种再生与复制，以及对原有状态的延续，即维持性适应。二是对现在时态的适应，是对当前自身状况及环境的一种调整和修正，即动态性适应。三是对未来时态的适应，是对将来变迁一种主动性准备和应对，即前瞻性适应（沈兵虎等，2022）。职业教育适应性也具有时间属性，职业教育的适应性指的是在某一个具体时间点或者某一个时间段，职业教育的规模、结构是否适应当前经济社会、产业的发展需要。高质量发展则需要职业教育具有前瞻性适应，要适应未来产业、经济社会的发展需求。

从空间属性来看，职业教育直接服务于区域产业发展需求，受技术技能人才培养层次、产业辐射半径、社会功能半径等影响因素，其适应性具有很强的空间特性。对于服务空间范围，中等职业学校、高等职业院校，在县区级、地市级、省级等空间区域内有着不同的服务空间，单个职业院校微观主体多会围绕自身特色，在产业服务、社会服务等方面有着自身的服务半径和特点。

从经济属性来看，正确认识并处理好职业教育与经济发展之间的关系，是增强职业教育适应性的逻辑基础。经济社会发展对职业教育具有决定性作用，经济社会的持续发展决定了职业教育的社会属性、职业属性、终身属性，也决定了人才培养方向、专业结构设置、师资队伍建设。同时，作为与经济社会发展最为密切、与生产一线最为接近的教育类型，职业教育的发展定位、发展规模、发展质量深刻影响着产业人才的素质提升、产业结构的升级调整、社会经济的持续发展（沈中彦和方向阳，2022）。职业教育经济的适应性，就是要具有服务国家战略的政策适应性。要根据国家发展战略制定职业教育发展之策；要具有服务区域经济的市场适应性。各级政府应将职业教育纳入区域产业发展，完善产教融合制度体系，切实推进教育链、人才链与产业链、创新链深度融合，为关键技术领域培养紧缺的技能人才。同时，将职业教育纳入区域创新体系，大力支持职业院校建立工程技术研发中心和技术转化中心，服务地区中小企业技术创新。

从社会属性来看，潘懋元指出"教育必须与社会发展相适应"。根据职业教育与经济社会发展的不同着眼点，存在职业教育不断"追赶"并被动适应经济社会发展和职业教育通过"创新"主动引领经济社会发展两个层次的关系。作为一种重要的教育类型，职业教育本身具有先导性作用，职业教育适应经济社会发展是前提、引领经济社会发展是趋势。随着我国进入高质量发展阶段，对引领型人才的需求不断增长，职业教育应主动作为，积极探索融入"新质生产力""制造强国""新型城镇化""就业优先"等国家战略发展大局，以"大职业教育观"为指引，在满足社会经济发展"需求端"变化的同时，通过提高高素质技能人才的培养质量和原始创新能力，调整"供给端"变化进而实现引领"需求端"的目标，最终形成经济社会发展与职业教育培养技能人才之间的供需平衡，彰显职业教育适应性的内在效能和时代价值。

从教育属性来看，"为谁培养人"这一问题，是职业教育适应性必须明确、不容动摇的关键问题。面对百年未有之大变局，坚持社会主义办学方向、坚持中国共产党的领导，是职业教育高质量发展的基本前提和根本保证。职业教育适应性必须以立德树人这一根本任务为指引，将立德树人融入职业教育全过程，坚持立德树人的根本任务不动摇。重视课程思政教育，将社会主义核心价值观贯穿人才培养全过程。加强劳动教育，结合专业特色，开展校内外公益服务性劳动，依托实习实训，参与真实的生产劳动和服务性劳动；要建立职普横向融通"立交桥"，科学构建学习型社会，建立职业教育发展体系。职业教育应以培养高素质技术技能人才为目标，采取产教融合、校企合作、育训结合、多元办学等方式，在纵向上实现中职—高职—本科—研究生的贯通培养，横向上实现与各个层次的教育渗透融合、学分互换。

从技术属性来看，技术本身是利用、改造客观世界的方法、技能和手段，技术的创新、服务必须在利用、改造客观世界的实践活动中才得以最终实现。对于高职院校而言，一方面，不同于企业的技术活动以技术应用为主，高职院校的技术活动以技术积累、传承为主，是通过教育活动来实现的，是一种认识世界的活动，属于认知理性范畴；另一方面，不同于普通高

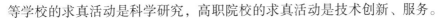

等学校的求真活动是科学研究，高职院校的求真活动是技术创新、服务。

现有的职业教育适应性内涵研究成果斐然，为职业教育在高质量发展阶段，尤其是地方职业院校在促进新质生产力形成这个重要阶段，如何发挥职业院校教书育人、社会服务、经济服务、科技服务等方面功能，形成极具学校特色的适应性改革成果，奠定了扎实的理论基础和丰富的实践经验。

第三节　地方职业院校适应性变革的时代特征

一、地方职业院校适应性变革基本内涵

地方职业院校是指根据现有职业院校办学体制，基于职业院校所属区域，围绕学校重点服务区域范围，对现有职业院校进行的分类，具有一定空间属性范畴。根据研究需要，地方职业院校可划分为省级、地市级和区县级，本书重点研究地方职业院校，这些院校主要是由区县级举办，重点服务区县级经济、社会发展的职业院校。相较于其他类型职业院校，地方职业院校与地方经济、社会发展更为紧密，互融性更强。借鉴学者有关职业教育适应性研究成果，本书以地方职业院校为微观研究主体，从内部适应与外部适应两个方面解析地方职业院校适应性内涵。

（一）内部适应性内涵

如何理解地方职业院校的"内部适应性"？简言之，内部适应性就是从微观层面出发，地方职业院校的发展必须要满足职业院校日常运行"院墙"内的主体需求，即适应学生、教师、学校管理者等利益相关方在知识、技术、岗位、职称、声誉等方面的动态需求。显然，这是教育属性维度的适应，也是职业院校存在、发展的根本性要求，是满足职业教育自身的需求。职业教育必须通过人才培养标准体系构建、制度创新、特色培养模式建立及教育管理方法变革等内在因素变革，主动应对经济转型、技术升级等外部环境的影响。

（1）适应学习者对高质量职业教育的美好向往。职业院校首先要适应学

习者的全面发展需求，将立德树人融入职业教育全过程，通过职业道德教育和思想政治教育，将社会主义核心价值观融入理论教学和实践实训中，明确"劳动光荣、技能宝贵、创造伟大"的价值取向。要坚持中国共产党的领导方向不动摇，坚持立德树人的根本任务不动摇。同时，还要满足学习者个性化学习需求。随着人民物质生活水平的不断提升，学习者教育的个性化需求愈发强烈。在职业教育层面，人们不仅有学历需求，更有技术知识储备需求。随着职普融通的深入推进，师资互派、学分互认等职业院校间的合作举措，职业院校间的"院墙壁垒"正逐步打破，地方高职院校、地方中职学校间的互动频繁，合作紧密。全方位、全面性、全区域性的职业教育多种合作形式促进学习者流动、晋升，有助于激励其终身学习与成长发展。

（2）适应职业院校内在高质量发展要求。地方职业院校的发展必须走向高质量发展阶段，也必然走向高质量发展阶段。评价指标之一就是师资规模、结构等方面符合高质量发展的要求，双师型教师的占比达到较高比例，教师的教学水平、指导学生创新创业能力等方面都达到一定水平；在服务地方科技创新、地方社会服务方面，教师的科研能力、服务水平都居于较高水平，能为地方科技创新、产业发展，社会进步提供职业院校的高质量服务。要满足职业院校内部发展需求，需要有效协调资源投入到师资能力提升、办学硬件等方面，要结合学校实际，合理配置有限的办学资源，形成特色鲜明的发展之路。

（二）外部适应性内涵

如何理解地方职业院校的"外部适应性"？相较于"内部适应性"，地方职业院校的外部主体涉及政府、企业等利益相关方，该类主体对职业教育的发展都有诸多需求与期待。外部适应性就是指地方职业院校应结合自身办学类型、办学规模、办学宗旨等，围绕不同层级政府、不同类别产业、不同类型企业在地方教育发展、技能人才供给、科技创新支持、社会经济发展等领域的多样化需求，深入推动产教融合、科教融汇，在充分发挥职业院校教育功能基础上，实现职业院校的各项社会功能效用的最大化。

（1）适应人民群众对类型教育特色发展的需求。地方政府举办各类职业院校，根本性目标是满足人民群众对不同特色的职业教育的个性化需求。地方职业院校在发挥好教育这个基础功能，要适应人民群众对地方职业院校在产业人才供给、社会治理、科技创新等领域的需求，适应人的可持续全面发展个性化需求。地方职业院校要根据区域社会经济的未来发展规划，以及地方集聚产业发展趋势情况，对自身学校的发展进行专业建设优化，完善人才培养方案，在地方劳动力市场形成高技能人才的强供给，支撑当地产业高质量发展。同时，地方职业院校要发挥高水平科研人才集聚的优势，深入社会治理一线、产业发展一线，实现知识生产与知识创造，积极开展相关领域科学研究，助力地方社会的全面高质量发展。

（2）适应企业对高技能人才高质量供给与特色科教服务的需求。地方职业院校是地方企业高技能人才的重要来源地，培养适应地方企业发展的所需高技能人才是地方职业院校的关键目标。地方职业院校要在专业设置等方面与地方产业结构与企业需求相结合，地方职业院校要适应地方企业对高技能人才在技术技能、企业文化、岗位设置等多个方面的需求，要主动作为，真诚邀请企业入校，在专业设置、知识结构、技术方向、教学方式等育人的各环节开展更深层次的产教融合合作。地方职业院校要以地方企业岗位需求为导向，以培养学生综合职业能力为重点，让学生走进企业生产一线，熟悉岗位内容，促进教学过程与生产过程对接，降低企业的人力资源成本。地方职业院校作为技术创新与应用的重要产出地、推广地，要鼓励校内高水平教科研人员深入企业生产一线，与地方企业科创人员组建科技创新团队，发挥职业院校高水平科创人才集聚的优势，在技术攻关、技术应用等方面形成校企合力，服务地方企业科技创新。

二、地方职业院校适应性变革的时代特征

职业教育适应性变革具有典型的时代特征，当前职业教育适应性在具体表征上呈现出在思维上的主动适应，行动上的全面适应，结果上的引领适应。

（一）思维的主动适应

从生物学领域来看，就适应一词的理解更多是一种被动式行为，是生物个体在环境发生变化时，为在生存中取得竞争优势，采取的与环境同化和顺

应环境变化的相关行动与行为，是一种迫于环境压力的被动适应。但在职业教育领域，适应性是一种主动行为，是我国职业教育发展演变的必然选择，是一种思维意识的转变。本质上是职业教育发展目标的主动性选择适应。当前这个阶段，职业教育作为类型教育的法律地位已得以确认，办成人民满意的类型教育是职业教育发展的根本宗旨，适应这种需求就需要职业教育每一位参与者转变思维，要从需求方角度出发，而不是延续原有的职业教育自我发展思维，这种适应就是一种主动适应，是一种职业教育办学的主动性选择。职业教育要善于识变、求变、应变，通过判断当前发展环境的变化，主动调整、顺应，乃至引领、超越，精准对接经济社会发展与产业转型升级的现实所需，以达到和谐共生的适应状态，从而实现自身的可持续发展。

（二）行动的全面适应

职业教育的适应性，是一种在行动上的全面适应，是指职业教育在中国式现代化建设征程中，在社会、经济、文化等各个领域的全面适应，并非只强调在经济、人才、社会等某个层面的片面适应，是具有广泛性的适应。经济需求、政治需求和文化需求为职业教育发展提供源动力，决定了职业教育的类型特征与演进基础，所以，职业教育的适应性涉及与三大需求密切相关的实践活动各要素，包括开展主体、运行机制、价值观、劳动力市场、人才评价制度等，具有广泛性。与此同时，职业教育在具体适应性行动步骤中，其在层次结构、规模布局、治理能力、质量水平等职业教育发展的各方面与一定时期的经济社会发展全面适应。唯有如此，方能实现职业教育服务高质量发展的要求。

（三）结果的引领适应

职业教育是类型教育，是教育的一种形式，职业教育的发展目标是在满足人民群众个性化的职业教育需求基础上，培养社会经济发展所需的高技能人才。职业教育的适应性变革是围绕这个根本性宗旨开展全方位改革，职业教育在高技能人才培养目标、培养标准、培养方式等方面，应具有较强的引领性。具体而言，就是在坚持立德树人，为党和国家培养高技能人才的基础上，确保职业教育人才培养内部与外部价值取向的一致性。职业教育发展的外部环境、内部对象和受教育者是不断变化的，作为应变量的职业教育适应性不是一劳永逸的，而是相对的、阶段的、渐进的过程，只能在变化的过程中逐渐适应并寻求引领。职业教育对社会改革和发展的不仅需要采取适应的态度，也需要对不符合发展要求和历史发展规律的现实状况采取改造、超越的态度，实现职业教育在高技能人才培养方面的引领。

第四节　地方高职院校适应性变革时代趋势

地方高职院校作为区域重要的人才供给地、技术输出地，为更好地融入区域经济社会，服务好区域高质量发展，亟须转变发展观念，完善学校现代化职业教育治理架构与体系，践行适应性变革发展理念，构建学校适应性变革的新格局。地方高职院校要遵从职业教育高质量发展逻辑，以培养区域产业高技能人才为着眼点，以服务区域发展为着力点，坚持围绕教学育人、社会服务和科技创新三个维度目标，实施适应性变革。

一、坚持为区域经济发展培养高技能人才的育人目标

当前，地方高职院校的举办形式多为地市级办学为主、县区级办学为辅。从多年发展实践来看，地方政府举办高职院校既为人民群众日益丰富的学习需要提供更多机会，也为地方经济发展储备人才资源库。作为地方举办的地方高职院校为区域经济发展培养高技能人才是其办学关键核心目标，如何培养适应区域经济发展的高技能人才是长期不变的持续性课题，围绕这个核心育人目标扎实推进适应性变革是地方高职院校在高质量发展中应遵循的基本原则。

（一）坚持立德树人的育人目标

党的二十大报告指出，培养什么人、怎样培养人、为谁培养人是教育的根本问题，也是建设教育强国的核心课题。我们要建设的教育强国，以立德树人为根本任务，以为党育人、为国育才为根本目标。地方高职院校必须扎实推进立德树人这个核心目标，坚持自信自立，坚定不移走中国特色社会主

义教育发展道路，在培养区域经济社会发展需求的高技能人才方面呈现鲜明类型教育特色的发展之路。

地方高职院校在立德树人实践探索中，必须坚持用习近平新时代中国特色社会主义思想铸魂育人，引导学生坚定理想信念、补足精神之钙，增进学生对新时代党的创新理论的政治认同、思想认同、理论认同、情感认同。必须坚持在将我国优秀的文化传承赓续基础上，引导学生认识、了解、认同优秀的区域文化，尤其要引导学生传承地方特色文化中勇于担当、甘于奉献、敢于奋斗、敢于创新的精神，把个人奋斗融入全面推进强国建设、民族复兴伟业之中。

地方高职院校必须遵循教育的科学性、规律性。教育是要"培养社会发展、知识积累、文化传承、国家存续、制度运行所要求的人"。教育是一种改变人的行为方式的实践过程，需要遵循教育规律、学生身心成长规律、意识形态建设规律。立德树人是一项系统工程，要融入思想道德教育、文化知识教育、社会实践教育各环节。立德树人既是一个教育引导的过程，也是一个信念塑造的过程，更是一个实践养成的过程。这就要求地方高职院校要以学生发展与区域经济社会发展需求相匹配为目标，在知识体系与课程之间形成"连贯性"，形成完整的一体化教育并改变传统的分别设计、各守一段、孤立的教育形式，从而实现全员育人、全程育人、全方位育人。

（二）坚持做好区域高质量发展的优质人力资源蓄水池

2023 年以来，习近平总书记围绕新质生产力发表了一系列重要论述，极大拓展了马克思主义生产力理论，体现了我们党对生产力发展规律的认识达到新高度，丰富了习近平经济思想的内涵，为推动高质量发展提供了科学指引。实践中，我国幅员辽阔，各区域具有不同的资源禀赋要素，区域经济发展在产业空间、产业结构、产业政策等方面具有较大异质性，逐渐形成了区域发展的产业集聚格局，产业分工进一步细化，进而各区域对技术技能人才具有不同的需求，且这种需求会随着产业转型升级不断变化。

为地方新质生产力的形成培育高技能人才是地方高职院校责无旁贷的责任与使命。地方高职院校要面向区域现实需求办学，为区域企业培养"适销对路"的专业技能人才，要成为优质高技能人才的重要输出地，要成为区域优质人力资源的蓄水池。地方高职院校要成为地方人力资源蓄水池就必须建立优势专业群与地方集聚产业相匹配，要建立起适应现代职业岗位和企业生产实际需求的新型课程体系，要充分发挥教育资源集聚优势，以学校为纽带，吸引地方产业人才，为地方产业人才技能提升提供多方位教育培训支撑。

二、坚持为区域高质量发展提供特色鲜明的服务目标

为地方人民群众日益丰富的教育需求提供多样化服务，是地方高职院校高质量办学的重要体现。社会服务作为地方高职院校发展的重要内容，在职业教育类型发展中呈现出新的趋势与变化。地方高职院校作为地方政府举办的高职院校，在各个层面都与所属区域有着紧密联系。作为区域社会构成的重要节点，为地方人民群众提供什么类型的教育、文化等服务，如何提供高质量服务等，是当前地方高职院校适应性变革的重要目标。

（一）社会服务思维的转变

地方高职院校在发展中对参与社会服务的思维普遍存在片面认知，认为囿于在学科建设、师资队伍、服务能力等方面与本科院校有着较大差距，在社会服务方面不具备服务优势。因此，在地方高职院校多年发展中，社会服务供给方面与社会各界期待形成较大差距。面对社会各界的疑虑，地方高职院校在社会服务认知方面存在了一定发展偏离，进而在社会服务方面的资源投入有限，长此以往，形成了地方高职院校社会服务能力弱的实际表征。

地方高职院校办学初衷就是要为区域人民群众日益丰富的教育需求提供职教领域的服务，其关键的行动步骤与环节即为社会服务，核心就是要转变社会服务的思维与理念，要正确认知富有特色且高质量的社会服务与学校高质量发展之间的相互支撑、相互促进的互动关系，要将社会服务列为学校适应性变革的重要内容。在具体的地方高职院校微观治理体系中，无论是校级管理者，还是一线教职人员，均要树立服务社会、服务区域、服务人民的社会服务意识与思维，要有主动行动，要摒弃传统高职院校社会服务无足轻重的固化思维，不仅要从学校自身发展定位学校的社会服务，更要从区域发展

视角定位学校的社会服务，才能提供区域所需的社会服务。

（二）社会服务内容的创新

地方高职院校要实现社会服务领域的适应性变革，关键是在社会服务内容方面创新。地方高职院校要在现有的培训基础上，不断延伸社会服务的内容。一方面，充分挖掘自身优势资源，依托地方高职院校紧密的校地关系，主动了解区域组织、人民群众在教育、文化等方面的需求，建立起各层面的培训交流活动。例如，依托学校人文社科资源，联合基层社区，为丰富区域老年精神文化生活，举办区域老年学习中心，开设非遗文化、语言、艺术等多彩课堂；依托学校文体硬件设施，在满足学生文体娱乐活动基础上，开放校园，打开高职院校的"围墙"，与相关部门联合举办多种类型的文体活动，办出特色。另一方面，加大区域产业工人培训的服务创新。地方高职院校要围绕地方产业转型升级，强化与区域龙头企业的校企培训合作，针对不同岗位的产业工人需求，充分发挥职业教育在职培训的领先优势，在培训形式、培训内容、培训地点等多个方面不断创新，在培训质量方面下功夫。面向区域未来产业发展规划，与区域企事业单位加强培训合作，创新方式，在区域产业紧缺人才储备方面贡献职教力量。

（三）社会服务体系的建立

地方高职院校要在社会服务方面实现创新，要在微观治理方面作出适应性变革，现有的治理结构难以适应也难以提供高质量的社会服务。当前，高职院校普遍采用校、院、系的治理结构，社会服务多是由各基层系部具体实施、面临服务资源互融性差、互通性弱的问题，学校内部的协同效果差，未能建设起适应社会服务发展需求的微观治理体系。地方高职院校要结合自身治理结构特点，在原有系部为主、个人为主的社会服务模式基础上，进一步整合校内外社会服务优势资源，完善学校社会服务治理机制，形成为区域经济社会发展提供高质量社会服务的服务宗旨，架构地方高职院校新型微观社会服务体系。地方高职院校社会服务体系的建立核心是建立社会服务的协同处理机构，积极对接区域企事业单位，开展相关领域的调研分析，打破内部壁垒，在服务硬件、师资、学生等方面协同发展。

三、坚持为区域创新发展贡献职教智慧的科研目标

党的二十大报告将"教育、科技、人才"一体表述为全面建设社会主义现代化国家的基础性、战略性支撑，职业教育要与其他层次教育在人才培养与科技创新中组成可持续的循环链条，须拓宽高技能人才培养目标内涵，补位地方科技创新环，拓展科技创新内容。地方高职院校作为区域重要的人才聚集地，科技创新高地，要发挥人才集聚效应，围绕区域先进产业技术创新，尤其是技术应用领域的创新主动布局，要靠前一线，积极开展务实性技术创新活动，为区域创新发展贡献职教智慧。

（一）树立地方职业院校与区域科技创新协同发展新思维

现阶段，职业教育圈内外人士普遍对职业院校的科技创新工作存在认知误区，将科技创新工作置于职业教育发展可有可无的部分。回应融入地方科创、培养创新型高技能创新人才的协同发展新使命，需要职业院校树立新时期职业院校科技创新工作"应为、能为、善为"的新发展思维。

"应为"思维奠定职业院校科技创新的行动认知。"应为"思维是应适而为，科技创新是职业教育适应性类型定位的基本追求；"应为"思维是应需而为，科技创新是职业院校与地方经济社会协同发展的必然需求。"能为"思维奠定职业院校科技创新的行动基础。"能为"思维是职业院校具有科技创新的人才能力，近年来职业院校不断优化人才引进机制，吸引大批博士、教授等高水平人才进入职业院校，已初显人才规模效应。办学条件大幅改善，为高水平科技创新活动提供了必要的硬件保障。"善为"思维奠定职业院校科技创新的行动路径。"善为"思维是坚持以技术应用性为导向的科技创新，是通过科技创新提升创新型教师团队的建设进程，提升创新型高技能人才培养质量。"善为"思维是坚持以科技创新嵌入地方创新发展的基础环。

（二）夯实有组织科研，卡位区域科教创新链的服务环

地方高职院校要主动变革，改变传统单打独斗资源分散的科研范式，打破内部行政壁垒，汇聚资金、人才、政策等优势资源，提出持续性研究的主攻方向，实现重点领域重点突破。以科研平台为载体，推动有组织科创服

务。职业院校应积极与政校企共建科研平台，聚焦地方中小微企业技术创新中的共性问题开展科学研究。为教师提供各种一线实践机会，进一步变革创新教学、教法、教材，提升创新型高技能人才培养的能力。职业院校集聚了一批跨学科、高学历、高职称人才，他们走向技术一线、产业一线、基层治理一线，可以运用科学方法，在应用性研究方面实现创新突破。遵循人才价值最大化原则，在人才编制、薪酬、职级、职称、价值共享等方面改革探索，形成职业院校人才在科学研究、价值评价、技术转移转化等科教创新链的微循环。

第二章　多元协同治理：地方高职院校适应性变革基础

　　党的十八大以来，地方高职院校实现跨越式发展，尽管仍存在发展不均衡的问题，但囿于发展资源禀赋的异质性，地方高职院校在发展中多会结合自身区域、学科、人才等优势，逐渐在类型特色发展中聚力、提质、增效。进一步梳理具有鲜明特色的地方高职院校办学经验，无论是何种发展模式，地方高职院校适应性变革的发展落脚点均是推动学校治理现代化，唯有扎实推进学校治理现代化，方能实现各类职教资源要素的优化配置，推进产教深度融合、科教深度融汇，带动教学、育人、社会服务等职教领域的治理能力提升，提速职业教育高质量发展进程。

　　党的十八大以来，以习近平同志为核心的党中央高度重视国家治理体系和治理能力建设，党的十九届四中全会强调，坚持和完善中国特色社会主义制度、推进国家治理体系和治理能力现代化，是全党的一项重大战略任务。地方高职院校肩负着实现高等职业教育高质量发展、实现高等教育现代化的重要使命，推进治理能力现代化是实现教育现代化的题中之义。高职院校推进治理能力现代化，既是落实中央和教育部关于职业教育改革的客观需要，也是解决自身深层次矛盾的现实要求，没有微观治理的现代化就不可能实现高等职业教育的现代化，适应性变革亦无从谈起。显然，推进现代化治理进程是地方高职院校适应性变革的核心与关键。

　　围绕推进治理现代要求，地方高职院校开展了多层面、多维度的全面变革，并结合自身实际，形成了多种发展新模式的治理表征。于此，本书进一步梳理地方职业院校治理现代化的变革逻辑与现实要义，为基于新商科人才培养的适应性变革研究奠定现代化治理层面的理论基础。

第一节　高职教育治理结构的内涵本质

回顾我国地方高职院校发展历史沿革，主要存在由原有中专学校升格和新办两种模式。因此，在具体微观治理实践中，学习、借鉴本科院校的微观主体治理是当前地方高职院校治理的主要模式。实践中，特色不鲜明的职业教育治理模式，往往忽视职业教育的发展基础与特点，广泛出现行政权力泛化、教育行为功利化、学术文化圈子化的微观治理"水土不服"现象，错配职业院校发展资源。究其本源，主要是微观治理的逻辑混乱导致治理主体缺位、治理思维固化、治理目标短视。因此，要回答好职业教育适应性变革这个时代命题，须重新审视职业院校的微观治理逻辑，辨析地方高职院校治理结构的特征基础上，厘清"谁来治理""治理什么"等关键基础问题，找到治理进程中面临的困境之源，进而探索出"怎么治理"的有效路径，实现职业院校微观治理现代化。

一、高职教育治理的本质

21 世纪以来，职业教育治理一直是职业教育领域重要且持续的研究热点。对于职业教育治理研究，学界已形成丰硕成果。学术界普遍认为，随着我国经济社会的进步与发展，职业教育治理结构不断调整与演变，不断赋予新的内涵，以适应不同时代改革趋势要求。在此基础上，研究认为，职业院校治理现代化是包括政府、职业院校、企业、社会组织、公民个人等在内的利益相关者共同参与职业教育发展的决策、管理与资源支持，通过一系列关系协调和过程规则的制度与非制度安排，实现职教资源的优化配置，是在原有的治理体系上的跨界、整合与重构，是多方主体基于不同治理动机与收益目标的博弈过程。

归本溯源，职业教育的治理结构并未发生本质性变化。研究表明，职业教育治理本质就是，职业教育治理结构可被视为政府、行业、企业、院校等主体围绕职业教育办学所形成的一种权力结构。在决策过程中，不同主体围绕职业教育的基本功能所主张的公共利益与个体利益之间形成了动态的博弈，并最终由冲突走向暂时的稳定，从而在妥协与双方利益最大化的前提下满足职业教育发展的需要（李政和徐国庆，2020；李阳，2020）。具体到微观职业院校个体层面，治理即为不同利益主体之间相互博弈、协商、妥协、让步，共同推动学校高质量发展的过程。

高职教育作为职业教育体系的重要构成，其治理的本质，是微观高职院校个体围绕国家有关高职教育类型定位和学校发展目标，政府、高职院校、企业、学生等各类利益相关者之间相互博弈、协商、妥协、让步，进而推动高职教育向更高质量发展。

二、高职教育治理结构

高职教育治理是一个涵盖多主体、多维度、广范围的体系，涉及高职院校治理结构、制度安排、治理能力、运行机制等治理内容。其中，治理结构是高职教育治理的核心内容，分析其治理结构、明确其内涵和价值是进行高职院校治理理论和实践研究的基础和前提（肖凤翔和肖艳婷，2018）。高职教育是类型教育，是职业教育的高级形式，同时也是高等教育的重要组成部分，高职院校兼具类型教育与高等教育的双重办学属性，既具备职业院校的基本特点，也具有高等学校的基本特征。因此，高职院校的治理结构是普通高等学校与职业教育两种治理结构的平衡与融合。

李政和徐国庆（2020）研究认为，治理结构的本质是一种权力架构，是不同的利益相关主体围绕某个事项进行的权责协调机制，所以治理结构的形成过程和特征必然受制于职业教育利益相关主体的特征，服务于职业教育的办学和产业技术技能人才的培养。从宏观层面来看，职业院校治理结构的变革转型，要从过去单一的"放权"向"放权"与"赋能"并举转变，要符合职业教育作为"准公共产品"的基本属性。梳理高职院校治理结构的改革和发展发现，高职院校治理结构呈现出多主体协同治理模式的发展趋势，即高职院校治理依托政府、社会、行业、企业等多元主体，在兼顾高职院校办学的双重属性基础上，通过适合的制度安排，保障各利益主体的权利，明确各参与治理主体义务，建立多元协同治理的机制，更好地匹配与平衡各利益主体的多元利益诉求。

三、地方高职院校治理结构特征

地方高职院校治理结构是指各利益主体为了实现特定的行政区域范围内的高职教育适应性变革、高质量发展的目标，基于高职教育的本质特征和治理现状，对特定行政区域内高职教育治理相关的制度体系与实践体系进行不断探索和优化的过程（徐黎明，2021）。地方高职院校作为地方政府主管的高职院校，其治理结构呈现两个方面特征。

一方面，是治理主体的多元化。地方高职院校治理的主体既包括高职院校外部的政府、企业、行业组织、社会组织、家长等，也包括高职院校内部的管理者、学术机构、学术权威、教师和学生等。地方高职院校的治理是各类参与主体围绕高职教育发展目标，结合自身资源与利益诉求，实施的一系列协同性的共同行动。多元主体协同治理是地方高职院校在治理变革中的发展趋势，这因地方高职院校的办学基础、办学目标等方面的异质性所形成。

另一方面，运行机制具有显著的地域特色。地方高职院校治理结构不仅具备诸如层级管理等基本的共性特征，还极具地方文化特征。不同地区的高职院校由于所处区域的不同，在生活习俗、文化传承等方面各具特色，在学校管理、校园文化等方面形成了特色鲜明的治理特征，这也符合职业教育类型教育的定位。地方高职院校治理结构中，地方政府参与治理的程度对地方高职院校发展会产生重大影响，由于地方政府维护地方利益的诉求，进而推动地方高职院校在人才培养、服务地方等方面形成发展特色。

第二节　地方高职院校多元协同治理方向与挑战

多元协同治理是地方高职院校呈现的治理的适应性变革趋势，为更好分析多元协同治理的结构特征，为地方高职院校治理结构适应性变革提供理论支撑，本书跳出固有的治理逻辑束缚，沿着"谁来治理""治理什么""怎么治理"的治理逻辑主线，准确辨析政府、学校管理者、教师、企业等主体的动机与需求及其关系，设定适应性的治理目标，进行契适性的治理制度安排。

一、地方高职院校多元治理主体辨析

职业教育的类型教育定位对地方职业院校的治理主体提出更为宽泛的要求，实践发展中包括政府、企业、学生等越来越多的主体参与到地方高职院校的微观治理中，现代化的治理正呈现出从原有的单维主体治理向政校企多元治理拓展的发展格局。

职业院校治理体系具有极其复杂的边界，治理内容也极其丰富，涉及利益方也极其多元，参与主体也不仅局限于职业院校内部，还扩展到政府、社会、企业以及家庭等其他利益相关者。职业院校发展不再仅是职业院校内部利益相关者的"自娱自乐"，更关系政府、企业、学习者家庭等其他主体的切实利益。传统的依托职业院校自身治理的单维主体治理结构显然不能满足现今多元主体的利益需求。

甄别职业院校治理多元主体的各自需求与兴趣及其他们之间的联系，在学校微观治理现代化中尤为关键。甄别利益相关者，确认利益相关者的各自需求与兴趣，与利益相关者建立联系是利益相关者理论的典型研究范式，且职业院校的非营利性组织属性，符合利益相关者理论的研究范畴。因此，本书借鉴利益相关者理论成果和分析框架，将职业院校科研治理主体分成三层次九类利益相关者群体。

第一层次是重要利益相关者，包含学校管理者、学术权威、教师群体。学校管理者居于资源支配的主导地位，对学校治理方向具有绝对影响力；学术权威涉及教授等高级职称群体，在教学、科研、社会服务方面等方面具有重要影响力，对学校声誉的形成具有积极影响；教师作为学校教科研活动的直接参与者，对学校微观治理质量产生直接影响。第二层次是核心利益相关者，包含政府、企业、学生等群体。政府、企业作为职教发展资源的重要提供方，对治理目标和治理质量有较大影响；学生作为职业教育的受益者，具有合法性、紧迫性特征，是职业教育适应性变革的直接受益者。第三层次是边缘利益相关者，包含社会组织、校友、学生家长群体。他们是职业教育发展资源支配的监督方、反馈方，并作为教科研活动外部方，监管教科研资源支配的合理性、有效性、公正性，同时，他们也会因职业院校科研声誉获得相关收益。职业院校重要利益相关者、核心利益相关者与边缘利益相关者共同架构了职业院校科研治理的多元主体结构。如表2-1所示。

表2-1   职业院校利益相关者需求及兴趣

利益相关者	群体	需求及兴趣
重要利益相关者	学校管理者	完成上级部门考核要求，提升学校整体治理水平，推进学校高质量发展，全面服务区域经济社会发展
	学术权威	形成有影响力的教科研成果，提升学校学术声誉
	教师	自我能力提升，职称评聘、绩效考核需求，学生、社会认同
核心利益相关者	政府	提升区域职业教育发展质量，推进区域产学研整体水平
	企业	解决技术、管理问题，较高的投入产出比
	学生	有利于技术知识技能的获取
边缘利益相关者	社会组织	行业协会等，获得更多的发展收益
	学生家长	获得更高的自我满足和社会认同
	校友	获得更高的社会认同

二、地方高职院校多元协同治理的基本方向

从全球教育治理实践及发展趋势看，地方高职院校多元协同治理的基本方向是沿着"多元共治、互惠共生"的价值目标和内在要求进行相应的创新变革，进而适应职业教育高质量发展要求，实现政府、学校、企业等多元利益主体之间的体制性整合。

第一，主体多元。在市场经济条件下，高职院校治理与政府、企业等多元主体息息相关，构建多元的治理结构成为治理改革与发展的必然。鉴于此，多元共治、互惠共生的治理模式则成为治理主体多元化的一种务实表达。当然，在这种多元主体框架下，既需要多类型、多元化的参与主体按照一定规则整合进治理体系，又需要政府有效介入和有为行动，发挥"掌舵人"的作用，从而激活职业教育领域多元治理主体及其治理能量。

第二，交互作用。在职业教育的社会共生系统内，各参与主体之间是一种相互依存、彼此协同、交互作用的关系，正是基于这种关系，各方机构、各类型利益相关者才能实现相互之间的多向交流、多维互动、多重影响及多元交换活动的实质性发生，才能真正实现多元共治、互惠共生模式。同时，多元共治、互惠共生模式又具有建立和维持主体价值、权责设计与利益平衡的治理机制，呈现出特有的治理功能与优势。尤其重要的是，在职业教育领域的有关活动中，这种多主体之间的交互作用和资源整合，并非完全以某种权利或权威来实现，而更加强调共识、信任、契约和法律的基础性价值。

第三，协同治理。共同治理是参与地方高职院校治理主体可以通过协商对话、集体行动、竞争妥协等方式来共同设计和管理合作系统，并自觉约束各自的行为、监督各自责任的落实；各治理主体可以协同参与游戏规则的设定和资源的重新配置，特别是在正当权益受到损害时；依据各自的资源禀赋及特质的不同，各治理主体尽管并不具有同样的地位和作用，但却拥有平等的权利。

第四，互惠共生。职业教育治理模式创新不仅要平衡各参与主体之间的利益分配、冲突调和及矛盾化解，更要借由共同治理机制在合作共生中增加职业教育服务的公共价值、承担社会责任并维护社会秩序，从而促进现代职业教育的健康发展并实现教育与产业深度融合。在保障各参与主体的利益诉求之外，多元共治与互惠共生模式更加强调社会公共责任和社会公共利益的最大化，从而确保政府、市场、社会框架下的各方主体都能获取应有的发展机会、发展空间和发展速度，以彼此间的共同合力促进职业教育生态系统沿着最优路径演化。

三、地方高职院校多元治理面临的挑战困境

（一）学校管理者缺乏长期性高质量发展思维

一方面，尚未树立高质量发展的价值观。地方高职院校管理者多是上级行政部门任命，现有的上级行政考核方式更关注显性、易评价、有影响力的标志性成就，而具有影响力的教科研成果非一蹴而就，需要长期积淀，不符合地方高职院校实际的考核方式促使管理者倾向压缩教科研资源，将部分资

源用作其他易于短期出成就的地方；另一方面，缺乏全校层面的长期持续的发展规划，尤其是在科研规划领域。而学校重点发展方向的不明确，导致教师教科研处于一种自发的、分散的状态，缺乏长期的目标，难以形成自发的团队科研合力。进而导致地方高职院校在服务区域经济社会发展、区域科技创新方面缺乏基础能力、缺乏特色、缺乏持续性。

（二）教师普遍存在功利性教科研发展思维

教师作为地方高职院校治理重要的利益相关者，是学校教科研活动的主要实施者，却是资源配置的弱势群体，催生了其功利性教科研的发展思维。一方面，围绕职称评聘要求开展教科研活动。客观地讲，职业院校教师普遍承担着较重的教学任务，科研时间和精力不足以支撑其开展长期持续的教科研活动，为满足职称评聘要求，选择教科研成本低，易出成果的教科研活动成为其教科研活动的第一选项。另一方面，缺乏自身教科研素养提升规划。以科研活动为例，科研活动的开展是一项科学性活动，教师科研素养是科研质量的基本保障，然而，职业院校教师绝大多数并没有接受过系统性科学研究训练，普遍存在缺乏规范性科研认知，缺乏扎实的理论功底，缺乏吃苦坚持的精神。地方高职院校教师常见的科研活动多是研究在实践工作中遇到的现象或问题，难以用学术理论去分析、解释、总结这种问题，缺乏严谨的思维，复杂、先进、前沿的研究方法很少能运用，导致研究成果学术价值低，而科研素养的提升非朝夕之功，教师普遍存在的功利性科研思维，致使其很难对自身科研素养提升制定正确的发展规划，进而在区域科技创新中难以发挥重要作用，降低了地方高职院校的区域科技创新影响力。

（三）制度安排层面的制约因素

完善的微观治理制度对于地方高职院高质量发展具有积极影响。地方高职院校参考、借鉴本科类院校治理经验，不断完善正式制度，正逐步从竞争合作走向共生共益，但在评价机制体制方面仍面临较大现实挑战。由于职业教育资源的有限性，竞争仍是地方高职院校内外部的主流行为，治理主体间的信任基础并不扎实，强信任关系建立的机制体制尚未形成。

一方面，地方高职院校评价机制不完善。在评价主体层面，当前的教科研活动评价多是由学术权威为核心的评价方式，企业、学生等主体的参与程度还不够，既容易滋生学术腐败行为，导致学术不公，也不利于教科研资源的有效配置；科研评价内容层面，"唯论文、唯课题、唯奖励"仍是教科研评价的主流指标，以"应用性成果"为核心的评价指标体系建立面临众多挑战。另一方面，地方高职院校治理监督机制不完善。缺乏完善的教科研监督体系，尤其是在科研领域，以学校科研管理部门为主的学术委员会等机构，不能支撑多样化科研活动需求，加上机构人员业务技能和学术知识的相对不足，导致科研监督流于形式，缺少科学的项目管理过程方法，较大地降低了高水平教科研成果的产出。

由于每所高职院校资源的投入限制，地方高职院校内部，难以满足诸多师生的多样化需求，导致具有相似学术背景、教学经历的教科研人员具有较强的竞争思维，倾向选择非此即彼的博弈行为。当前，地方高职院校并未建立适应可行的教科研收益的分配机制，缺乏有利于突破校内教科研人员资源壁垒的合作机制，缺乏有利于学校管理者创新合作的分配机制。加之外部评价标准的不一致和内部的短视认知，职业院校间不断呈现出无序竞争与零和博弈特征。职业院校锦标赛的发展模式，极大抑制了职业院校的合作积极性，严重阻碍了职业教育资源的优化配置。如何让治理主体建立良好的信任关系，遵循利益让渡、利他性的思维，避免信息非对称带来的影响，做到坚持公平共享，兼顾隐性收益，形成广泛的合作收益等非正式制度的安排，仍处于认知探索初级阶段。

第三节　地方高职院校多元协同治理的推进策略

地方高职院校多元协同治理的关键是立足于良好的发展环境，实现合理的治理制度安排，形成从竞争合作向共生共益的转变。共生共益让职业院校间不再是竞争关系，而是各院校基于"经济人"的资源交换需求、"教育人"的质量提升需求、"社会人"的声誉积累需求形成科研合作动力，建设共同生存、共同收益、共同发展的治理环境；共生共益推动政府、企业与高职院校共建资源互补的高质量发展创新生态体系，形成高质量发展协同效应。共生共益的关键是探寻"利益共生点"，准确把握高职院校治理主体的各自需求和兴趣,是建立高职院校利益相关者内在属性与外在行为之间的互动关系的治理准则,是制定正确的行动准则和行为规范的基础。

地方高职院校治理的"利益共生点"就是能促进利益相关者积极主动参与地方高职院校教科研活动的共同诉求,是根据利益相关者不同群体的利益需求与兴趣,制定科学的教科研活动过程,形成一致的地方职业院校适应性发展目标。探寻"利益共生点",是平衡利益相关者各方利益,利于利益相关者发现"利益点"、形成"利益链"、织成"利益网",是"共生共益"制度安排的关键。

在适应性变革视域下,地方高职院校科研治理面临治理主体缺位、治理目标偏离、制度安排适应性差的治理困境,要打破孤岛式、碎片化的治理格局,需遵循适应性的治理逻辑,可从以下方面优化突破。

一、围绕"利益共生点",探索建立开放多元的职业院校主体治理结构

探寻多方主体的"利益共生点"是地方高职院校适应性变革治理维度的基础。由职业院校管理者、学术权威、教师、企业、政府等人员构成的多元职业院校治理结构,在进行学校战略制定、教科研资源配置、激励分配机制等方面治理决策时,由于各方均有不同的利益需求,必然是一个相互"讨价还价"的过程,达成的结果则是一种多方博弈利益的平衡,这个结果就是多方主体的"利益共生点"。

要达成"利益共生点",一是要建立多方主体顺畅沟通渠道与途径。沟通是准确把握利益相关者科研需求的唯一渠道,地方高职院校管理者要深入教师、企业、学生等群体中去,充分运用移动网络,建立多种形式的沟通渠道,形成沟通制度保障。二是要建立多方主体参与的治理决策机制。利益相关者只有参与治理活动的决策,才能制约现有地方高职院校管理者行政权力泛化的现象,例如,邀请教师、企业、政府等相关人员组建利益相关者委员会,在教科研战略方向、激励分配等方面共商决定,形成决策制度保障。三是要建立多方主体参与的学校评议监督机制。要建立一套符合地方高职院校实际的监督体系,如增设科研监督机构,对以管理者、学术权威等群体的权

力行为进行评议监督，避免出现滥用权力、越权管理的现象。开放多元的治理可以加强学术权威、教师和企业的学术话语权，增强教师教科研的动力，自内而外激发教师的教科研动力。

二、围绕"服务区域高质量发展"，探索建立持续可行的协同治理目标体系

一方面，推动多方主体树立高质量发展观。多方主体参与学校治理的初衷、目标和资源不尽相同，需要多方主体建立统一的利益分配思维，树立正确的价值观。一是正确对待短期利益与长期利益。投机性、功利性思维让各利益相关方只关注眼前利益，甚至为此产生机会主义投机行为，各利益相关方群体均应建立中长期发展目标。二是从被动转为主动服务区域经济社会发展。要紧密地方政府、企业等各类主体间的关系，要鼓励学校师生主动走入区域企业，服务地方企业发展，而不再是被动式服务思维。三是坚持面向区域技术应用研究理念。要发挥职业院校办学优势，从书本走向车间，要树立面向企业所需技术应用场景、应用水平等方面的研究目标，要将研究成果应用于教学与生产。

另一方面，建立教师教科研素养提升规划。教师是教科研活动的主要参与者，是教科研成果的创造者，该群体的教科研素养决定了教科研成果的质量，现阶段教师的教科研素并不足以支撑教科研高质量发展的要求。因此，建立教师教科研素养提升规划是治理目标实现的基础。首先，制定分类培养规划。教师在教科研基础、教科研兴趣上千差万别，学校应根据共性特征，制定分类培养规划，如教学优秀的教师，可在学生教育研究方面突破，技术兴趣浓厚的教师，争取在应用研究方面突破。其次，培育特色应用性研究团队。鼓励教师跨学科、跨行业，与企业人员、专家、同事等其他领域科研人员组建研究团队，建设知识互补的团队成员结构，发挥各自知识优势，开展交叉学科的科学研究，利于教师跳出本学科的固化思维，促进创新研究。

三、围绕"共生共益"，探索建立契适的微观治理制度安排机制

正式制度方面，探索建立契适性的评价体系。一是坚持分类评价原则。

分类评价就是要破一元，立多元，对不同学科、不同成果采取不同的评价标准和方法。要对工科、社科、医科等学科分门别类开展评价，在成果应用上，不仅关注成果转移的价值，还要跟踪转化的市场影响。二是坚持定性定量并举的原则。不同行业与专业，教科研活动成果的呈现方式不尽相同，任何评价不能仅以数量一根尺子去衡量。要降低学术权威知识盲点引起的不利影响，规范盲审与追责，加快同行评议的数字化进程改革。三是坚持过程评价原则。注重成果考核，忽视过程管理是地方高职院校教科研评价的普遍现象。过程评价与结果评价相结合，可以更加全面地分析、指导教师的教科研行动，改变教师急功近利的教科研行为，促使教师踏踏实实从事教科研活动。

非正式制度方面，探索建立契适性的科研信任机制。特别是在科研活动领域，更需基于信任建立良好关系。科研活动是对未知知识探索、分析、学习和传递的过程，是充满不确定性的活动，面对不确定性，信任则是润滑剂。良好的信任关系，会大幅降低科研主体的治理成本，易营造宽松、积极向上的科研氛围。一是要建立科研活动团队成员间的信任。通过团队内管理制度的创新，形成成员共享科研活动知识、创新点、经验，降低信息非对称的影响。二是要建立参与主体间的信任。地方高职院校探索创新合作机制，如加大科研专用性资产的投入，向企业释放合作善意与诚意，展示开展合作的能力等，建立企业开展教科研合作的信心，建立良好的信任关系。

第三章　专业匹配产业：地方高职院校适应性变革关键

　　党的十八大以来，国家始终高度重视职业教育体系建设，先后出台一系列职业教育高质量发展政策文件，推动职业教育适应性变革。高职教育的发展长期处于"点题"到"破题"的进程中，人才培养如何更好适应区域市场变化和产业的需求一直是其中的核心问题。党的二十大报告将强化现代化建设人才支撑工作提升到前所未有的战略高度，并且明确提出要努力培养造就更多大师、战略科学家、一流科技领军人才和创新团队、青年科技人才、卓越工程师、大国工匠、高技能人才，为全面夯实现代化产业体系的人才根基指明了方向。

　　近年来，新技术、新产业、新业态蓬勃发展，我国以光伏、新能源汽车为代表的部分制造业重点领域在全球竞争中实现从跟跑、并跑到领跑。然而，高技能人才缺乏的问题正成为其中尤为重要的制约因素。数据资料显示，我国技能人才总量已超 2 亿人，占就业人员总量 26% 以上；高技能人才超过 6 000 万人。① 相较于我国产业人才需求，高技能人才长期数量不足，特别是高技能人才供给与产业转型升级需求之间的结构性矛盾日益凸显。从人才供给端来看，存在有人无岗的"就业难"；从工厂需求端来看，存在有岗无人的"用工荒"。当前，我国劳动力市场面临人才结构性矛盾，主要表现在人才供给和岗位需求不匹配。为应对岗位需求的变化，高职教育积极应变，开展适应性变革，但毕业生就业专业对口率却长期在 70% 附近徘徊，

----

　　① 《培养更多能工巧匠、大国工匠——我国加快推进新时代高技能人才队伍建设》，新华社，2023 年 9 月 16 日。

这从侧面表明我国高技能产业人才的供给端尚未与产业链创新链的需求端进行有效对接，难以有效满足产业基础高级化、产业链现代化的转型升级要求。归根结底，是职业院校，尤其是高职院校专业建设与产业需求脱节。

基于此，本章从产业动态演进视角出发，运用供给需求、人力资本等理论，进一步厘清产业升级需求变化特征与地方高职院校专业建设两者间的逻辑关系，将区域高职教育嵌入到区域产业发展的中观层面，探索地方高职院校专业与产业匹配的有效路径，为地方高职院校人才培养的适应性变革提供理论支撑。

第一节 高职教育专业与产业动态演进理论探析

中国现代化发展战略推进的过程中，产业结构转型升级是重要的环节，产业转型升级的成功需要匹配的产业人才结构支撑。既需要居创新人才链塔尖的科学家，也需要居中段的偏学术型研究的研发卓越工程师人才，也离不开居底部的一线高技能人才的支持。科学家们的前沿基础科学研究，研发卓越工程师人才的"卡脖子"关键技术突破，高技能人才生产效能的提升，共同推动产业转型升级的进程。职业教育作为我国教育结构中重要的类型教育，与本科以上层次教育共同架构起培育产业人才的重任。不论何种类型人才，达到高等院校和职业院校培养的质量标准后，流向劳动力市场，经劳动力市场的调节配置，实现助力产业转型升级需求。

微观层面，进入劳动力市场的产业组织为选择更符合自身实际需求的产业人才，通常会设置多项变量参数，专业是首要要素，是产业与高职教育重要的媒介。专业主要是指根据学科分类和社会职业分工需要，分门别类进行高深专门知识教与学活动的基本单位（张衡和王琦，2010），是职业教育培养人才、服务经济社会的载体（马建富等，2017）。高职教育专业建设对接区域产业、优化专业结构布局是当前高职教育改革的重点（沈建根和石伟平，2011）。

一、产业演进需求侧与专业建设供给侧的协同发展

根据人才供需理论，产业转型升级会对产业人才形成新的需求，这种需求会传递到劳动力市场上，这是产业演进导致的人才需求侧的变化。高职院校按照一定的专业结构培养高技能人才，决定了人才的分布、类型、规格、数量和质量，这是高技能人才的供给侧。产业转型升级的演进对高职教育专业结构设置具有一定的导向性和制约性，高职教育的专业结构，也是由一定的经济社会和科技发展水平、社会分工、产业结构以及劳动力结构状况决定的，它集中反映了经济与社会发展对各类专门人才的种类、规格、知识能力与素质的根本要求。合理的专业结构与人才培养规模，可以极大地促进产业结构的演变与优化升级，而不合理的专业结构则会阻碍产业结构的演进和整个社会的经济发展。基于人才供需理论，产业结构转型升级会推动高职院校专业调整，否则就会导致高技能人才供给与现实的产业需求不匹配、供求不平衡，要么学生毕业找不到合适的工作，要么企业所需工作岗位空缺，造成社会上出现大量的结构性失业。有时即使找到了工作，但也是用非所学、用非所长，即专业不对口，这实际上就是隐性失业。高职教育专业建设要适应产业转型升级需求，两者之间只有相互协调，才能共同发展。

二、专业建设供给侧的资源配置理论解释

专业是高职院校发展的重要载体基础，是高职院校特色化发展的基础，专业招生规模，毕业生就业率，用人单位评价决定了专业建设质量，品牌影响力大的专业在学校发展中占据极其重要的地位和作用。在国家职业教育发展方向和趋势来看，专业建设的结果影响了高职院校的整体收益。因此，作为微观行为主体，面对投入产出比，为获取更大的利益，职业院校更倾向将学校资源分配到更易产生收益的专业建设方面，会倾向选择建设社会需求大、就业前景好的热门专业，进而导致高职院校专业的同构性，既会发生生源恶性竞争的现象，也会导致人才培养呈现同质化倾向，人才培养目标和培养模式雷同化，人才培养缺乏特色和个性，人才竞争力弱，客观导致高职院校资源配置的低效率。

三、专业建设的外部性机理

实践中，如果将专业建设完全交给市场，通过市场这个无形的手进行高职院校专业建设调节，专业建设供给侧是难以适应产业演进需求侧的发展要求的，需要政府的介入，以发挥高职教育的正外部性作用，解决市场失灵的部分现象。要让高职院校愿意将资源投入到那些硬件投入大、师资相对短缺、培养周期相对长、人才市场就业范围窄的专业，就需要政府适当引导，并给予一定程度的补贴，补偿高职院校在投入产出中的差额，提升高职院校在此类专业建设动能，直至专业建设能适应产业发展需求。

因此，高职院校专业建设供给要能与产业演进需求协同发展，应适当发挥政府宏观调控和相关制度建设的功能。高职院校要以产业演进需求为导向，尊重市场规律，优化专业建设决策机制，合理配置专业建设资源。

第二节　高职教育专业匹配产业的行动逻辑

学科专业是人才培养的基本单位和载体，直接决定人才供给的质量和水平。因此，学科专业能否与社会需求相契合是衡量高等教育发展水平的重要因素。微观层面来看，评价高职院校的基础且核心指标是育人质量，育人质量高低关键是地方高职院校向区域人才市场输送的高技能人才能否适应区域产业发展的需求。实践来看，地方高职院校育人质量与社会期待有些许偏离。具体到输送到区域人才市场的毕业生个体而言，在知识结构、人文素养、岗位技能等某些方面，与入职单位的需求存在一定程度的差距与不足，致使包括学习者在内的社会各界对高职院校的育人质量存在质疑。究其原因，是地方高职院校在人才培养目标上的偏离，不断加强对学习者综合素养与理论知识的要求和传授，在学习者技术应用能力的提升上方式单一，创新不足，导致培养的人才技能上既不能完全胜任技术员的要求，理论知识上又与工程师要求相距甚远，形成了人才市场岗位的多头不靠的现象。归根结底，是地方高职院校多以自身为中心，在未经区域市场深入调研、未与区域企业深入沟通、未掌握学习者学习需求的基础上，制定人才培养目标和设计专业（群）发展规划，导致培养成效与市场需求相背离。可见，专业（群）发展不适应区域产业发展是制约地方高职院校人才培养质量提升的主要问题与挑战。面对这些问题与挑战，厘清行动逻辑，形成上下一致的行动步骤尤为重要。

一、高职教育专业匹配产业发展的行动逻辑

高职教育学界普遍认为，高职教育的最大特点是兼具职业性和高等性，与普通本科教育相比有更多的一线职业知识，与中职教育相比有更多的策略性知识和学科性技术知识，这是高职教育与这两类教育的重要区别（沈建根和石伟平，2011）。在专业设置上，应遵循市场原则、前瞻性或超前性原则、特色原则和复合原则（蔡丽娜，2018）。其中，以市场需求为导向的原则得到普遍认可，并在此基础上逐渐形成了"产业—专业—就业"的显性行动逻辑认知（张栋科，2019）。此外，高职院校的专业设置还应根据现代经济社会的特点，通过学科交叉与复合来设置专业（李建求，2003）。高职院校应当通过嵌入方式把学科、专业嵌入产业链中或把产业链嵌入大学的学科、专业之中，从而使校企合作真正实现资源共享、合作共赢的良性互动（胡赤弟，2009）。

二、高职教育专业匹配产业发展的行动约束

高职教育管理实践中，专业建设尽管会秉持各项原则，但依旧面临诸多困境与挑战。研究认为，江苏面临产业对高职人才需求数量、对人才的知识结构和技术技能的诉求改变等方面的挑战（李博，2017）；广东存在专业设置规划不能适应产业结构调整节奏，专业设置调整不能与产业良好对接，专业人才培养质量不能满足产业发展需求的困境（李北伟，2019）；北京的专业设置和产业的结构可适性不高，在19类专业中，5个专业无人才培养需求，9个专业人才培养供过于求，5个专业人才培养供不应求（侯小雨，2018）；其他地区，如上海、天津、辽宁、浙江等或多或少存在类似问题（梁丹，2016）。

大量的实证研究结果表明，全国范围内高职教育专业建设的问题普遍表现在专业盲从、重复设置情况严重，专业定位不清，专业内涵不一致，专业设置前瞻性弱，战略性新兴产业专业设置明显滞后，专业结构与产业结构匹配度不高，专业设置的管理评估机制欠缺的问题。归根结底，是职业院校，尤其是高职院校在专业建设与产业需求脱节。一方面，高职院校专业设置存在求易舍难的机会主义行为。由于办学资源的限制，高职院校在专业设置方面更倾向于选择资源投入少、招生范围广的偏文科、社科类专业，对于资源投入大、招生范围小的工科类专业则不甚热情。另一方面，高职院校存在专业设置机制不完善的问题，向上不能与政府形成有效互动，不了解地方政府在未来产业发展中的详细规划，向下不能深入产业与企业，缺乏准确研判产业发展趋势，导致在专业教学内容、教学方式、教材编制等方面均存在不足，不能引导学生形成正确的专业认知观，不能充分激发学生从事相关产业的事业激情，影响学生的整体教学质量。

造成上述困境的原因分析，一是政府主导模式导致灵活性差与失范并存；二是高职院校自我发展、自我约束机制不健全；三是市场主体参与机制尚未建立。具体来说，高职院校作为建设主体，对专业建设逻辑的机械解读，本位主义、功利性思想作祟，对于高职教育的公益性、服务性功能认知不足需要高职教育管理实践者深刻反思。

三、高职教育专业匹配产业发展的行动方法

具体如何开展高职教育专业建设，学者们从不同层面、不同视角提出了不同的建议与思路。从专业建设逻辑上来看，要从传统的"产业—专业—就业"的线性思路转变成"自我指涉"机制下的"双联动"逻辑（张栋科，2019）。从专业建设过程来说，八步法"调查—能力分析—可行性研究—专业规划—论证—报批—实施"是专业设置或优化的基本流程，在实施过程中，还应不断自适应和自调整（杜怡萍，2014）。从专业建设参与主体来说，政府需要积极进行专业设置的顶层设计导向和标准控制，高职院校要着力构建责权利相统一的院系内部治理体系和权力监督机制，要深化产教融合体制机制改革，行业企业要真正参与到专业设置与调整，要积极发挥第三方专业

评估组织的作用，通过第三方评估有效反映市场主体的诉求。

第三节　地方高职院校专业匹配产业的适应性变革方向

现阶段，高职教育作为人才市场高技能人才的重要输出基地，并不能完全适应区域产业发展的需求和要求。对于高职专业建设如何与产业升级精准匹配，现有研究和实践普遍从高职院校层面和角度展开思考与行动，忽视了产业动态演进的趋势需求变化以及因此引起的人才需求复杂性特征。产业升级会导致生产复杂化程度提高，产业内部分工进一步细化，产业结构高级化，并催生新的产业，破坏原有技能岗位，创造新的技能岗位，对于劳动力的要求进一步提高，不但要求劳动者具备更高的专业化水平，提高劳动生产效率，面对激烈的竞争还应具有创新的能力。同时，从空间结构看，由于各个地区产业要素资源的初始禀赋不同，分别处于产业发展的不同阶段和产业链节点，使得各地区间的产业劳动力需求结构、层次、规模存在一定的异质性。地方高职院校作为区域优化完善产业劳动力就业结构层次的主要供给端，应积极响应地方产业升级需求，遵循"产业—专业—就业"的行动逻辑，充分发挥提升劳动力生产率的市场功能和教育公共属性特点，要根据产业动态演进的进程，加快与产业匹配的专业建设，培养和输送符合产业升级需求的高技能产业人才。

一、充分发挥政府宏观协调作用

政府在高职教育与产业演进的协同发展要主动作为，积极作为，正确作为，要充分发挥政府的宏观调控和引导协调作用。

（一）积极参与地方高职院校专业建设

政府职业教育主管部门，尤其是县区级基层职业教育主管要积极补位，根据产业主管部门制定的经济社会发展规划或产业结构调整规划，结合区域经济发展、产业结构、技术结构、区域主要产业、支柱产业、新兴产业的支持重点和扶持政策，制定支撑产业人才培养的支持政策，为高职院校专业建设决策提供参考。

（二）定期发布区域专业建设与产业演进协同发展报告

定期开展区域产业发展人才需求调查，发布区域各类产业高技能人才分布现状、发展趋势、区域内各类专业的就业率、就业质量和薪资情况，做好主要产业、支柱产业、新兴产业人才需求预测工作，发布产业人才的发展需求及趋势，为高职院校适应区域经济社会发展需求，提升专业建设质量提供产业人才需求依据。

（三）牵头搭建以产业结构为导向的高校专业结构调整机制平台

加强制度建设，严格新设专业审批程序，完善专业预警与淘汰机制，实施分类指导，引导学校根据自身性质和定位，突出办学特色，优化专业建设。

二、激发企业参与专业建设动能，探索建立开放多元的专业建设治理结构

（一）创新协同育人模式，构建产教科融合互促机制

要打通教师成长、实训基地建设、实践教学、学生就业、企业研发、学校社会服务之间的壁垒，破解产教"两张皮"难题，深入探索产教协同育人机制，综合各方优势和利益诉求，探索产教科融合互促的校企合作机制。鼓励企业通过捐助资金、捐助生产性设备、捐赠实验实训设备实质性参与专业建设，通过共建"协同创新平台"，实现校企人才共育共享。依托形式多样的产教融合平台，一方面，鼓励教师"技术攻关"帮助解决合作企业技术难题，提升教师岗位技能教学胜任力和企业项目转化教学案例能力；另一方面，鼓励一线高水平工程师参与教学，帮助学生快速获得真实岗位技术技能，批量培养创新型技术技能人才，满足企业用人需求。

（二）共建特色产业学院，打造协同育人命运共同体

产业学院作为校企紧密对接、相互嵌入的利益共同体，是产教融合的新

形态和新载体。鼓励学校联合行业协会、产业领先企业等主体共建产业学院，创新产业学院建设理事会机制。以集成电路产业学院建设为例，学校负责产业学院运营，组织高水平师资参与技术攻关，为企业解决产品开发中的技术问题，吸引企业参与协同育人；同时，面向中小企业开发产业学院的科研设备和资源，为中小企业提供产品打样、方案设计和工程测试方案等服务，既满足企业的小批量试产、敏捷开发和快速上市的需求，又保障了产业学院可持续运营。

三、强化学校育人主体地位，提升专业建设内涵质量

（一）立德树人铸魂育人，培养高素质创新型技术技能人才

推行课程思政，培养工匠精神。面对新商科专业学生，可以从我国新商科产业先进人物中挖掘思政元素，将思政元素有机融入到专业课程教学中，彰显立德树人的根本价值理念。通过课程思政，引导学生形成正确的世界观、人生观和价值观，树立劳动光荣的观念，植入为突破"卡脖子"技术贡献力量的精神种子，鼓励学生以"闯"的精神、"创"的劲头、"干"的作风从事专业相关产业发展。推行课程思政在专业核心课程中的全覆盖，使专业课程与思政课程同向同行，培育工匠精神。

（二）以生为本个性成才，探索现代学徒制的育人教学改革

针对专业群人才供给与企业需求存在脱节、人才培养适岗率不高的现实问题，地方高职院校专业群应完善现代学徒制校本制度和标准。专业群应坚持立德树人、德技并修，以学生个性化成才，多样化发展为目标，依托产业学院，聚焦多主体办学、现代学徒制、"1＋X"证书试点，以岗位群为引领，因材施教，创新性地实施教学内容项目化、教学组织阶段化、岗位训练轮转化，多元主体共同制定课程标准，形成校企"多元主体、双重管理、双重评价"现代学徒育人模式，完成培养高素质技术技能人才的根本任务。

（三）紧贴产业需求变化，"以产定专"建设模块化课程体系

以"产"定"专"，构建全链条的人才培养方案。地方高职院校应联合对区域集聚产业链上下游企业进行调研，获得区域集聚产业全链条的企业典

型工作岗位和专项技能要求。按照岗位职责→岗位能力→培养标准→课程标准，校企共同开发科学规范、国际可借鉴的专业人才培养方案、课程标准和职业技能等级证书，定期邀请企业对关键岗位的专项技能需求进行商讨，完善人才培养方案课程总体设计，提高人才培养质量和针对性。根据人才培养方案，打造专业基础课程模块、专业核心模块和专业拓展模块。根据岗位类别细分多个专业核心子模块，每个子模块各 4～5 门核心课程，突出应用性知识体系的架构。

第四章 合作育人：地方高职院校 适应性变革特色

2022年12月，中共中央办公厅、国务院办公厅印发了《关于深化现代职业教育体系建设改革的意见》，提出了现阶段职业教育改革的一系列举措，明确了职业教育"一体、两翼、五重点"的工作布局。两翼即为"打造市域产教联合体""打造行业产教融合共同体"的职业教育改革战略任务。2023年4月，教育部办公厅发布《关于开展市域产教联合体建设的通知》；2023年7月，教育部办公厅发布《关于加快推进现代职业教育体系建设改革重点任务的通知》。文件进一步明确了市域产教联合体建设要求和重点任务，要求充分发挥政府主导作用，建立政行企校密切配合、协调联动的工作机制，推动市域产教联合体实体化运作。

市域产教联合体的建设核心内容就是成立政府、企业、学校、科研机构等多方参与的理事会，实行实体化运作，集聚资金、技术、人才、政策等要素，有效推动各类主体深度参与职业学校专业规划、人才培养规格确定、课程开发、师资队伍建设，共商培养方案、共组教学团队、共建教学资源，共同实施学业考核评价，推进教学改革，提升技术技能人才培养质量；搭建人才供需信息平台，推行产业规划和人才需求发布制度，引导职业学校紧贴市场和就业形势，完善职业教育专业动态调整机制，促进专业布局与当地产业结构紧密对接；建设共性技术服务平台，打通科研开发、技术创新、成果转移链条，为企业提供技术咨询与服务，促进中小企业技术创新、产品升级。

显而易见，推动市域产教联合体建设，关键是合作。实践证明，多广度、多深度、多形式的合作亦是地方高职院校一条极其重要的发展之路，是必然之路，是必选之路，市域产教联合体、产教联盟等，都是地方职业院校产教融合、校企合作的具体表征形式，合作能促进区域内职业教育发展要素的有序流动。

职业院校作为产教融合、校企合作的主体，其合作策略的选择是权衡外在约束下的利弊得失后的结果，要提升职业院校的合作意愿，就必须从微观层面深度审视其合作个体行为。因此，本章重点聚焦职业院校的合作动力源，结合地方职业院校合作实际，演绎其合作博弈行为逻辑过程，探寻其面临的困境与挑战，有助于我们进一步凝练地方职业院校适应性变革合作的研究内容和边界，为调动地方职业院校合作特色凝练、参与合作积极性、优化合作结构提供理论依据。

第一节　地方高职院校合作动因分析

当前，我国各区域的职业教育资源均有限，区域内部发展不均衡，以及外部评价标准的不一致和内部的短视认知，职业院校间不断呈现出无序竞争与零和博弈特征。而合作是突破零和博弈的有效行为，因为合作能使那些具有多种偏好和多方利益的职业院校实现相互受益的互动。只要职业院校在不损害自己利益的前提下，满足他人的不同需求和利益，合作行为就会发生，进而形成彼此利益相互依存的关系。这就有助于参与各方进一步寻找互利互益的合作方案。这个过程也能有助于参与者把合作看成是多赢，而不是破坏合作的零和博弈，最终实现职业院校参与者间的知识、信息、资金、人力资本等资源的有效交换，实现区域内职教资源的优化配置。

合作动力是合作行为的基础。纵观职业院校合作从人脉推动的市场孕育阶段到政府主导的多元参与阶段，再到观念认同的一体化发展阶段，可以发现其总体上离不开外部和内部双重动力及其交织作用的推动。当前，走向高适应与高质量的职业教育发展，是职业教育的核心目标，也是微观层面的职业院校开展合作的源动力。厘清职业院校合作动力因素，有利于其权衡合作与竞争之间的关系，有利于其在面临合作主体选择时作出适合的决策。对于职业院校个体而言，推动其开展合作行为的动力主要体现在以下三个方面。

一、"经济人"的资源交换需求

当前，我国职业教育形成公办与民办共存，公办为主，民办为辅的市场办学格局，现有的职教资源投入是在中央政府统筹下，省级政府根据全省发展按照生均拨款为基数配置。作为市场经济主体，获取更多的办学资源以能在激烈的职业市场竞争中脱颖而出，成为推动作为"经济人"的职业院校合作的关键决策依据。一方面，"经济人"具有寻找异质性办学资源需求。近年来，京津冀协同、粤港澳大湾区建设、长三角一体化三大区域发展战略推进顺利，具体到职业教育合作领域，由于区域内经济发展的不均衡，致使区域内职业院校办学资源投入强度高低有别，形成职业院校的资源异质性，己方眼中的生源、教师、办学地点、经费投入等各类剩余资源则成为他方眼中的优势资源，用己方剩余资源换取稀缺资源成为首要需求。合作能让资源有效流动，发挥区域资源互补优势。另一方面，"经济人"具有寻求降低办学成本，优化资源配置的需求。职业院校期望通过最低的合作成本，获得最大的交换资源，会倾向选择与己方资源异质的职业院校合作，这个过程是一种自发合作行为，只要合作能满足这种需求，就会在职业院校间形成自动撮合机制，充分发挥市场这只看不见的手在职教资源配置过程的作用，助力职教资源在长三角区域内的优化配置。

二、"教育人"的质量提升需求

职业教育的本质是提供特色化的职教供给，在更好地满足人民群众个性化、多样化的职业教育需求之时，更好地向劳动力市场输送符合产业结构调整升级需求的高技能人才。因此，作为"教育人"的职业院校基本需求就是通过合作提升教育质量。一方面，"教育人"具有自我提升教学质量的需求。固有的行政藩篱，职教政策的差异，科学评价标准的不完善均会制约职教质量的提升。师资互派、学生互动、学分互认、课程互置等合作方式能拓宽职业院校高水平师资队伍建设，高质量产学研开展，专业课程科学设置等方面的有效路径，有助于在一定区域范围内构建普适性职教评价体系。另一方面，"教育人"具有培养符合产业发展的高技能人才的需求。要输送产业所需高技能人才，就需要职教供给的有效衔接，对于同一产业而言，形成较大覆盖范围的产业与教育的合作形式，就会让地处产业洼地的职业院校不因产业发展问题成为其人才培养过程中与产业互动的制约因素，进而实现培养的高技能人才在区域内的高质高效流动。

三、"社会人"的声誉积累需求

职业院校是架构整个社会的重要节点，通过与其他组织节点的互动，担负起其承担的育人职能。因此，作为"社会人"取得更高的社会声誉是其重要需求。一是管理者的社会声誉需求。现有的职教管理结构，职业院校管理者多是上级政府考察任命，通过合作积累其个人社会声誉，寻求包括上级政府在内的社会各界的能力认可，是管理者的现实需求。二是职业院校的社会声誉需求。合作能扩大其在特定领域内的社会影响力，积累大量社会资源，提升社会声誉，极大降低其生源获取难度、拓宽其办学资源渠道，提升其高水平师资吸引力。三是职教示范需求。长三角与京津冀、大湾区作为我国职教发展的改革示范区，其发展经验对于全国具有示范引领作用。合作能让现有的职教苏南模式、温州模式向皖北等职教洼地辐射，探索出符合区域特点的合作路径对于推动长三角职教示范区的形成具有重要影响，地处其中的每一所职业院校都期望能发挥其积极力量。

第二节　地方高职院校合作现状分析

一、地方高职院校合作现状

京津冀协同发展、长三角一体化、粤港澳大湾区建设等国家战略的实施，极大推动区域内中职、高职院校间的合作，地方高职院校均广泛参与到各类合作中。学理上看，职业院校的资源交换、质量提升和声誉积累的合作动力需求会撮合合作行为发生，合作促进职教发展要素在一定区域范围内有序流动，推动职教高质量发展。然而，从宏观层面来看，职业院校合作质量整体不高，为更好激发院校的合作动力，通过从微观层面构建合作演化博弈模型，结合数据仿真验证分析合作存在的微观困境。研究发现，追逐排他性资源的利益冲突、短视性的合作认知局限和利己性的行为悖论是引起职业院校合作动力不足的主要因素。进而从政府、职业院校、企业和社会多个维度，提出多方共推地方高职院校高质量合作发展格局形成的有效路径。

（一）合作基础不扎实，未充分协调地区内部职教发展不均衡现象

我国地域辽阔，各地在文化习俗、经济发展等具有较大的异质性，都具有一定区域内文化相通，但经济发展基础差异化显著的特点，区域间经济鸿沟阻碍了职业院校的发展，使得区域内职业院校的办学条件、办学理念、办学目标、师资水平、专业建设、生源素养等方面都表现出不均衡。地方高职院校开展合作时，未充分考虑发展不平衡引起的合作影响，未对各自的异质性资源形成充分认知。一是经济发达地区与欠发达地区的发展不平衡，由于城市化发展、产业集聚、人才潮汐现象，高水平职业院校更多集中在上海、杭州、南京、深圳等经济发达地区，而在皖北、苏北、浙南、粤北等地区和县域地区，职业院校发展普遍落后；二是同一区域院校发展不平衡，由于同一地区的职业教育资源有限，职教资源分配不均，导致同地区职业院校发展差异悬殊。职业院校发展的不均衡，使得部分发展滞后院校在合作中居于从属地位，部分权力和收益未得到尊重，在一定程度上动摇了地方高职院校参与合作的基础。

（二）合作方式单一，松散型的联盟合作形式占据主导地位

当前，地方高职院校参与的合作多是在政府职教主管部门主导下，以官方框架协议、职教集团、联盟为主要合作形式，常见就是政府牵头，指定或者推选某个高职院校牵头，邀请其他职业院校共同参与。在长三角地区，2018年12月，中国长三角软件职业教育集团（江苏）、智能制造职业教育集团（浙江）、电子信息职业教育集团（上海）、国际商务职业教育集团（安徽）职教集团揭牌，并分别由常州信息职业技术学院、浙江机电职业技术学院、安徽国际商务职业学院等职业院校担任理事长单位。职教集团近几年多次举办高水平高峰论坛，每年均举办职教集团理事会议，商讨职教集团的建设发展。本质上，现有的职教集团是兼具协会特点的半办学机构，绝大

多数职教集团处于发展探索阶段，集团内成员联系不紧密，合作更多体现在不具有较强契约约束性的框架性合作协议基础上，涉及实质性利益的合作不多见，合作普遍呈现出松散型合作特征。

（三）合作成果质量低，尚未形成区域职教发展示范效应

职教集团、高峰论坛、联盟会议都在一定程度上推动了职业院校的合作。综合而言，职业院校间的合作成果并不丰富，成果质量也不高。一是未能形成合作院校同类专业人才培养目标标准的统一，难以推动高技能人才的素养提升和有序流动；二是由于城市化水平、经济发展不平衡，学生倾向在北京、上海、深圳等发达地区求学，院校合作未能实现学分互认，学分银行改革迟迟未动，难以满足欠发达地区学生多样化的学习需求；三是未能在合作投入、收益分配等方面积极改革探索，合作院校尚未能形成教科研资源共享、互补等方面的有效机制，不能通过合作助力职业教育高质量改革。

二、地方高职院校合作困境分析

宏观层面的职业院校合作整体质量不高，关键还是院校合作动力不足。追逐排他性资源的利益冲突、短视性的合作认知局限和利己性的行为悖论是引起地方高职院校合作微观困境和障碍的主要原因。

（一）合作存在追逐排他性资源的利益冲突

地方高职院校多数以上级财政拨款为主要来源，在生均拨款基数差别不大基础上，各类专项资金、项目资金成为地方高职院校竞争的资源。从区域层面来看，划拨给区域内高职院校的专项项目资金总量是不变的，但划拨给哪所高职院校则是有选择性的，致使区域内各高职院校，特别是对同一层次发展水平的高职院校来说，面对同一项目补助申请时，"拼资源、拼关系、拼建设基础"等短兵相接的排他性竞争在所难免。在现有资源分配体制下，高职院校存在一步领先，步步领先的发展现状，导致高职院校不甘落后，彼此防备，为项目挤破脑袋，排他性资源博弈思维根深蒂固。现有合作过程中，排他性资源博弈思维会促使合作院校期望获取更大的收益。因此，在面临可能的收益分配方面，约定尽可能大的合作收益分配系数成为高职院校合

作的必然决策行动。然而，合作院校往往忽视自身的现实情况，实践中要获取更大的收益，还与自身的资源转化能力相关，只有具备高水平的资源转化能力，才能达到预期的合作分配收益。

（二）合作存在短视性的认知局限

合作收益是高职院校参与各类职业教育合作的基本需求，但合作收益认知不充分、不正确则导致职业院校形成短视性博弈认知局限。按收益类型分类，院校合作存在基本收益和协同增效收益两种合作收益，基本收益主要通过共享资源获取，协同增效收益则是因良好的合作协同后带来的政府或企业给予的资金、科研项目等方面的收益。从合作进程来看，基本收益是显性的短期收益，而协同增效收益则是基于良好的合作结果基础上，是隐性的长期收益，需要投入较大的时间成本。地方高职院校的主管部门是地方政府，若地方政府不设定一体化绩效考核要求和指标，地方高职院校就局限于服务地方的本位思维。此外，现有职业院校组织管理机制导致书记、校长等党政领导在任时间短，不具备投入较长的时间成本参与合作的条件。上述原因促使地方高职院校在参与合作时认为，己方不能通过合作在较短时间内获得发展红利，更关注短期显性的合作基本收益，不关注隐性长期的协同合作收益，形成短视性认知局限，满足上级主管部门要求或者积累社会关系成为地方高职院校的合作动机，难以形成主动性的合作协同行动。

（三）合作存在利己性的行为悖论

职教集团合作大多数都是由发展水平较高的职业院校牵头，邀请发展水平相对落后的职业院校参与。理论层面分析，两类院校通过合作，可以优势互补，特色发展，但在实践层面，由于一定区域内教育资源的固化，作为有限理性的地方高职院校管理者和学术团队，利己性竞争博弈思维长期存在。部分高水平地方高职院校存在期望通过合作获取更多优质资源，提升其域内发展权威的"霸权思想"；发展相对落后的地方高职院校则存在"搭便车"思想，想以较低的投入坐享合作利益。利己性竞争博弈思维会导致博弈主体形成投机性的行为，一是促使院校不愿在合作过程中与合作方共享更多的优质资源，降低合作方获得预期收益的概率；二是促使院校在开展协同合作时，不愿投入较大的人力、时间、物资等方面的协同合作成本。导致院校合作松散，在涉及核心利益时往往"知难而退""精心算计"，缺乏精诚合作之心。

第三节　地方高职院校合作博弈模型

一、研究假设

实践中，由于有限理性，地方高职院校间长期存在竞争、合作或竞争—合作的动态博弈关系，合作多表现为紧密型和松散型两种合作形式。假设存在职业院校 A、职业院校 B 两类群体，在有限理性假设下，双方会根据自身发展需求及合作目的作出不同的决策。博弈方 A 群体的策略集为 ｛松散型合作，紧密型合作｝，在博弈方 A 群体中选择紧密型合作策略概率为 x（$0 \leqslant$ x$\leqslant$1），松散型合作策略概率为 1 − x；在博弈方 B 群体中选择紧密型合作策略概率为 y（$0 \leqslant y \leqslant 1$），松散型合作策略概率为 1 − y。

（1）高职院校作出合作决策后，无论是选择松散型合作还是紧密型合作，双方都会因这种合作产生合作收益。设群体 A、群体 B 选择松散型合作时的基本收益分别为 R_A、R_B。

（2）当高职院校都选择紧密型合作时，群体 A、群体 B 都会有较强的意愿开展深层次合作，会主动共享自身优势资源，包括师资、教学、科研、就业、项目等方面资源。设群体 A、群体 B 共享资源分别为 S_A、S_B。群体 A、群体 B 会因双方的紧密合作获得收益，该部分收益由两部分组成，一是因合作方共享资源，己方获得共享收益；二是因为双方紧密合作形成协同效应，并因此获得协同增效收益。协同增效收益 E 是指高职院校因良好的一体化合作后带来的政府或企业给予的资金、科研项目等方面的收益。其中，共享收益除与合作方共享资源相关外，还与己方资源转化能力 λ（$0 \leqslant \lambda \leqslant 1$）相关，资源转化能力 λ 是指己方将合作方共享资源转化自身资源的能力。此外，合作之初，合作方约定的协同增效收益分配系数 ω（$0 \leqslant \omega \leqslant 1$）决定了双方协同增效收益的分配比例。若约定群体 A 分配系数为 ω，则群体 B 分配系数是 1 − ω。此外，高职院校在选择紧密合作时，会产生人财物、时间等方面的协同合作成本，设群体 A、群体 B 的协同合作成本为 C_A、C_B。

（3）当一方选择紧密型合作，另一方选择松散型合作时，选择紧密型合作的一方会共享自身优势资源，但由于另一方未共享自身优势资源，未能产生共享收益，并因选择紧密合作而产生协同合作成本；同时，选择松散型合作的一方会因另一方共享优势资源而获得共享收益。具体参数设计如表 4 - 1 所示。

表 4 - 1　　　　　　　　　职业院校合作博弈模型参数设计

参数符号	含义
R_A、R_B	群体 A、群体 B 选择松散型合作时的基本收益
S_A、S_B	群体 A、群体 B 选择紧密型合作时共享的师资、教学、科研、就业、项目等方面资源
E	群体 A、群体 B 因协同合作带来的政府或企业给予的资金、科研项目等方面的协同增效收益
λ（$0 \leqslant \lambda \leqslant 1$）	资源转化能力 λ 是指己方将合作方共享资源转化为自身资源的能力
ω（$0 \leqslant \omega \leqslant 1$）	合作方约定的协同增效收益分配系数，若约定群体 A 分配系数为 ω，则群体 B 分配系数是 $1 - \omega$
C_A、C_B	群体 A、群体 B 选择紧密型合作时投入的人力、物资等方面成本

二、模型构建

根据研究假设，职业院校合作博弈的支付矩阵如表 4 - 2 所示。

表 4 - 2　　　　　　　　　职业院校合作博弈支付矩阵

合作策略		职业院校 B	
		紧密型合作 y	松散型合作 1 - y
职业院校 A	紧密型合作 x	$R_A + \lambda_A(S_A + S_B) + \omega E - C_A, R_B + \lambda_B(S_A + S_B) + (1 - \omega)E - C_B$	$R_A - C_A, R_B + \lambda_B S_A$
	松散型合作 1 - x	$R_A + \lambda_A S_B, R_B - C_B$	R_A, R_B

表 4 - 2 是职业院校合作 2×2 的对称支付矩阵，高职院校 A 采取紧密型合作策略概率为 x，则松散型合作策略概率为 1 - x。高职院校 A 采用紧密型合作策略的期望收益记为 $\pi_1(A)$ 和松散型合作策略的期望收益 $\pi_2(A)$，以

及平均收益 $\overline{\pi_A}$ 分别为：

$$\pi_1(A) = y[(R_A + \lambda_A(S_A + S_B) + \omega E - C_A)] + (1-y)(R_A - C_A)$$
$$(4-1)$$

$$\pi_2(A) = y(R_A + \lambda_A S_B) + (1-y)R_A \qquad (4-2)$$

$$\overline{\pi_A} = x\pi_1(A) + (1-x)\pi_2(A) \qquad (4-3)$$

当博弈一方采用某种策略的收益高于平均收益时，这种好的策略会在群体中被模仿学习，即收益低的一方会模仿该策略适时变化策略，通过不断调优策略选择，可得，博弈双方的策略随时间变化的方程（即复制动态微分方程）。

$$\frac{dx}{dt} = x(\pi_1(A) - \overline{\pi_A}) \qquad (4-4)$$

同理可得：

$$\frac{dy}{dt} = y(\pi_1(B) - \overline{\pi_B}) \qquad (4-5)$$

由此可以分别建立高职院校合作中，高职院校 A 和高职院校 B 采取松散型合作和紧密型合作策略组成的演化动力系统：

$$\begin{cases} \dfrac{dx}{dt} = x(1-x)[y(\omega E + \lambda_A S_A) - C_A] \\ \dfrac{dy}{dt} = y(1-y)\{x[(1-\omega)E + \lambda_B S_B] - C_B\} \end{cases} \qquad (4-6)$$

令 $\dfrac{dx}{dt} = 0, \dfrac{dy}{dt} = 0$，可得均衡点 $(0,0)$、$(0,1)$、$(1,0)$、$(1,1)$、

$\left(\dfrac{C_B}{(1-\omega)E + \lambda_B S_B}, \dfrac{C_A}{\omega E + \lambda_A S_A}\right)$。分析以上各点，若使得其邻近区域内出发的轨迹渐近并趋向于该点，则称该均衡点为局部渐近稳定的，则采用的行为策略也称为演化稳定策略（EES）。本书根据弗里德曼（Friedman，1991）提出的判别稳定点方法，求解该动力系统的 Jacobian 矩阵，在平面 $M = \{(x, y)|0 \le x, y \le 1\}$ 内，分析该动态系统均衡点的局部稳定性。Jacobian 矩阵如下：

$$J = \begin{pmatrix} (1-2x)[y(\omega E + \lambda_A S_A) - C_A] & x(1-x)(\omega E + \lambda_A S_A) \\ y(1-y)((1-\omega)E + \lambda_B S_B) & (1-2y)\{x[(1-\omega)E + \lambda_B S_B] - C_B\} \end{pmatrix}$$

可得矩阵 J 的行列式为：

$$detJ = (1 - 2x)(1 - 2y)[y(\omega E + \lambda_A S_A) - C_A]\{x[(1 - \omega)E + \lambda_B S_B]$$
$$- C_B\} - xy(1 - x)(1 - y)(\omega E + \lambda_A S_A)[(1 - \omega)E + \lambda_B S_B]$$

矩阵 J 的迹为：

$$trJ = (1 - 2x)[y(\omega E + \lambda_A S_A) - C_A] + (1 - 2y)\{x[(1 - \omega)E$$
$$+ \lambda_B S_B] - C_B\}$$

局部稳定性分析结果如表 4 - 3 所示。

表 4 - 3　　　　　　　　局部稳定性分析结果

均衡点	detJ 符号	trJ 符号	局部稳定性
(0, 0)	+	-	稳定
(0, 1)	+	+	不稳定
(1, 0)	+	+	不稳定
(1, 1)	+	-	稳定
$\left(\dfrac{C_B}{(1 - \omega)E + \lambda_B S_B}, \dfrac{C_A}{\omega E + \lambda_A S_A}\right)$	-	0	鞍点

由表 4 - 3 可知，5 个均衡点中，(0, 0)、(1, 1) 为稳定点，(0, 1)、(1, 0) 为不稳定点，$\left(\dfrac{C_B}{(1 - \omega)E + \lambda_B S_B}, \dfrac{C_A}{\omega E + \lambda_A S_A}\right)$ 为鞍点。令鞍点 $E(x^*, y^*) = \left(\dfrac{C_B}{(1 - \omega)E + \lambda_B S_B}, \dfrac{C_A}{\omega E + \lambda_A S_A}\right)$，可得职业院校一体化合作演化过程，如图 4 - 1 所示。

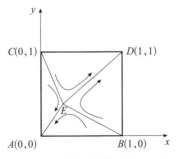

图 4 - 1　博弈演化相位图（1）

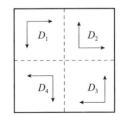

图 4 - 2　博弈演化相位图（2）

由图 4 - 2 可示，在职业院校合作过程中，不稳定点 B、C 与鞍点 E 的连成的折线为系统收敛于不同状态的分界线，在折线 BEC 右上方，系统收敛于紧密型合作均衡点（1，1）；在 BEC 左下方，系统收敛于松散型合作均衡点（0，0）。可见，改善鞍点 E 的位置，可改变系统的收敛区间，即鞍点 E 位置趋向于（0，0）点，S_{BECD}（BECD 区域面积）增大，动态系统收敛于（1，1）点的概率增大。

三、数据仿真

根据上面博弈演化模型构建及均衡点求解分析，鞍点位置取决于模型中参数大小及其变化规律，鉴于模型涉及变量较多，为更好描述高职院校群体合作动态演化博弈所能达到的稳定状态，本书应用 Matlab 软件对博弈模型进行仿真实验，通过各个参数的仿真对演化策略趋势作出分析。参照相关文献并结合其实际情况，设定初始双方选择紧密型合作策略概率$(x,y) = (0.3, 0.7)$，对各参数值进行相应赋值（具体数值不代表实际数值），并设置高、低两组数值，与初始默认值形成对照进行仿真模拟。

（一）协同合作成本 C 对博弈演化结果的影响

高职院校合作博弈是在考虑合作成本基础上展开的，协同合作成本的高低会直接影响高职院校的策略选择。根据前面均衡点分析可知，协同合作成本越低，鞍点 E 位置越趋于（0，0）点，S_{BECD}越大，高职院校选择紧密型合作策略概率越大。假定其他参数不变，选取三组情况进行分析，分别记为$C^{(0)}$、$C^{(1)}$、$C^{(2)}$，其中$C^{(0)}$（9，6）初始默认值，$C^{(1)}$（15，10）、$C^{(2)}$（7，4）为高低对照组。具体仿真结果如图 4-3 所示。

由图 4-3 所知，协同合作成本 C 值为$C^{(0)}$、$C^{(2)}$时，曲线 x 与曲线 y 的斜率为正，且参数值越小，曲线 x 与曲线 y 的斜率越大，率先趋向（1，1）稳定策略；而参数值增加到$C^{(1)}$时，曲线 x 与曲线 y 的斜率为负，趋向（0，0）稳定策略。数值分析结果与前面理论假设一致，高职院校在人财物、时间等方面的投入成本越大时，高职院校会选择松散型合作决策，原因在于合作过程中，高职院校获得的协同合作收益是未知情况，是对未来的预期，而为此付出的成本则是即时成本，以最小成本获得最大收益是合作源动力。因此，协同合作成本对于高职院校合作具有显著负向影响。

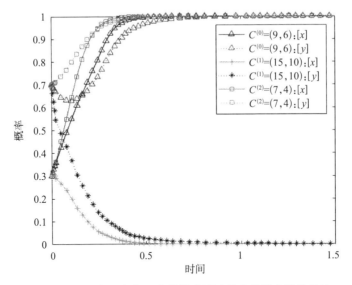

图 4-3　协同合作成本 C 变化的高职院校合作博弈演化轨迹

（二）共享资源 S 和资源转化能力 λ 对博弈演化结果的影响

高职院校合作过程是合作方不断共享自身资源，并吸收另一方互补资源转化为自身能力的过程。根据博弈演化模型分析可知，己方资源转化能力 λ 与合作方共享资源 S 的相互作用会对博弈演化结果产生正向影响。为鉴别资源转化能力 λ 与共享资源 S 的具体作用机理，依次对参数 λ、S 选取三组情况进行对比分析，分别记为 $\lambda^{(0)}$、$\lambda^{(1)}$、$\lambda^{(2)}$ 和 $S^{(0)}$、$S^{(1)}$、$S^{(2)}$，其中 $\lambda^{(0)}$（0.6，0.5），$S^{(0)}$（20，18）为初始默认值，$\lambda^{(1)}$（0.7，0.6）、$\lambda^{(2)}$（0.5，0.4）和 $S^{(1)}$（25，20）、$S^{(2)}$（9，7）为高低对照组。资源转化能力 λ 仿真结果如图 4-4 所示，共享资源 S 仿真结果如图 4-5 所示。

由图 4-4 所知，资源转化能力 λ 值为 $\lambda^{(0)}$、$\lambda^{(1)}$ 时，曲线 x 与曲线 y 的斜率为正，且参数值越大，曲线 x 与曲线 y 的斜率越大，率先趋向（1，1）稳定策略；而参数值减小到 $\lambda^{(2)}$ 时，曲线 x 与曲线 y 的斜率为负，趋向（0，0）稳定策略。数值分析结果与前面理论假设一致，高职院校自身资源转化能力越高时，合作中能转化为自身发展的资源越多，因此，资源转化能力 λ 对于高职院校合作具有显著正向影响。

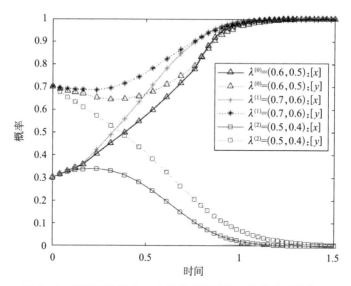

图4-4 资源转化能力 λ 变化的高职院校合作博弈演化轨迹

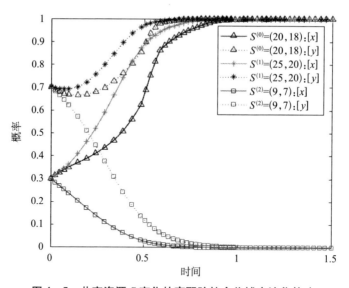

图4-5 共享资源 S 变化的高职院校合作博弈演化轨迹

由图4-5所知，共享资源 S 值为 $S^{(0)}$、$S^{(1)}$ 时，曲线 x 与曲线 y 的斜率为正，且参数值越大，曲线 x 与曲线 y 的斜率越大，率先趋向（1，1）稳定策略；而参数值减小到 $S^{(2)}$ 时，曲线 x 与曲线 y 的斜率为负，趋向（0，0）稳定策略。数值分析结果与前面理论假设一致，高职院校合作另一方共享的优势资源越大，能转化的资源越多，因此，共享资源 S 对于高职院校合作具有显著正向影响。

（三）协同增效收益 E 和协同增效分配系数 ω 对博弈演化结果的影响

协同增效收益是高职院校进行一体化合作的预期目标，这种收益是双方通过共享资源，发挥协同作用，共同产生的收益，记为 E。产生协同增效收益后如何进行分配，在合作初期，合作双方会对协同增效收益达成一个预期，并约定一个基本的分配形式和分配比例，在不发生机会主义情形下，双方按约定分配收益。根据演化模型分析可知，协同增效收益 E 会对博弈演化结果产生正向影响。为鉴别协同增效收益 E 和协同增效收益分配系数 ω 的具体作用机理，分别对 E 和 ω 赋值。假定其他参数不变，对参数 E、ω 选取三组情况进行对比分析，分别记为 $E^{(0)}$、$E^{(1)}$、$E^{(2)}$ 和 $\omega^{(0)}$、$\omega^{(1)}$、$\omega^{(2)}$，其中 $E^{(0)}$（10），$\omega^{(0)}$（0.6）为初始默认值，$E^{(1)}$（20）、$E^{(2)}$（5）和 $\omega^{(1)}$（0.5）、$\omega^{(2)}$（0.1）为高低对照组。协同增效收益 E 仿真结果如图4-6所示，协同增效收益分配系数 ω 仿真结果如图4-7所示。

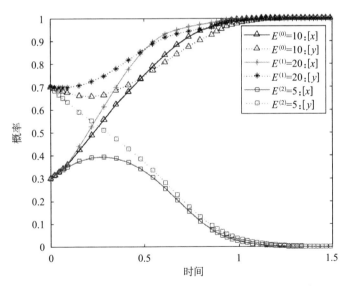

图4-6　协同增效收益 E 变化的高职院校合作博弈演化轨迹

由图4-6所知，协同增效收益 E 值为 $E^{(0)}$、$E^{(1)}$ 时，曲线 x 与曲线 y 的斜率为正，且参数值越大，曲线 x 与曲线 y 的斜率越大，率先趋向（1，1）

稳定策略；而参数值减小到 $E^{(2)}$ 时，曲线 x 与曲线 y 的斜率为负，趋向（0，0）稳定策略。数值分析结果与前面理论假设一致，协同增效收益 E 越高，高职院校形成紧密型合作的动力越强。因此，协同增效收益 E 对于高职院校合作具有显著正向影响。

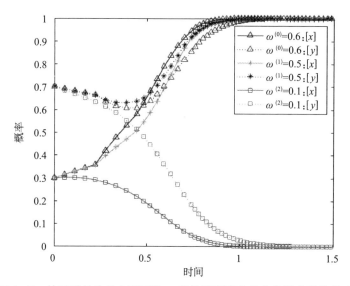

图 4 - 7　协同增效收益分配系数 ω 变化的高职院校合作博弈演化轨迹

由图 4 - 7 演化轨迹看，协同增效收益分配系数 ω 赋值为 0.5（平均分配）和 0.6（按贡献度分配）的情境下，曲线 x 与曲线 y 的斜率为正，趋向（1，1）稳定策略；分配系数 ω 赋值为 0.1，$1 - \omega = 0.9$ 的情境下，曲线 x 与曲线 y 的斜率为负，趋向（0，0）稳定策略。显然，公平、公正、合理的收益分配系数促进高职院校紧密型合作的形成与稳定。

四、研究结论

前面构建高职院校演化博弈模型，并通过数据仿真实验，系统分析高职院校合作中的决策演化过程，结果表明。（1）协同合作成本对高职院校合作具有显著负向影响。实践中，人力资本、差旅成本等合作成本对合作方而言均是可接受的沉没成本，而一旦面临共建实验室等涉及较高资金的硬件设施投入时，协同合作成本就是高职院校合作主要考量的关键因素。（2）共享资源和资源转化能力对高职院校合作具有显著正向影响。高职院校在某一领域具有领先优势资源时，其涉及该领域的资源能力也相对较强，资源集聚效应显著，自身资源的多寡往往与其自身转化能力成正比，这也解释了高职院校更愿意在其具有领先优势的领域展开一体化合作的现象。（3）协同增效收益对高职院校合作具有显著正向影响，合理的协同增效分配系数保障高职院校合作的稳定性。毋庸置疑，高职院校合作的目的就是要获得收益，即包含显性收益和隐性收益，显性收益易鉴定，而声誉等方面的隐性收益难以鉴定，一定程度上制约了高职院校的合作约束性，现有合作存在某种分配不公的现象。

第四节　地方高职院校合作路径设计

一、政府：积极引导、评价改革与奖补并举

（一）积极引导地方高职院校主动开展高质量合作

各地方政府主管部门需要通过相关文件进一步明确地方高职院校参与合作在职业教育高质量发展中的地位和作用，让职业教育参与者、管理者、受益者形成一体化合作共识和正确意识，明确合作收益，改变固化的地方高职院校合作收益的认知局限，让地方高职院校管理者放下包袱，轻装上阵，降低地方高职院校的内在合作障碍。

（二）推动涵盖地方高职院校合作的评价体系改革

政府部门作为地方高职院校管理者的考核方，要将合作协同发展结果纳入管理者的年度业绩考核，以提升地方高职院校合作协同发展质量作为评价目的，设计科学、合理、操作性强的合作评价指标体系。实践中，地方高职院校要达到明确的合作评价指标体系要求，就必须共享更多的资源，投入更多的协同合作成本，杜绝地方高职院校的利己性行为的产生。

（三）制定奖补并行的地方高职院校合作激励政策

区域政府管理部门可以设置地方高职院校合作协同发展专项资金，奖补

合作协同发展成效显著的地方高职院校，鼓励地方高职院校联合申报项目，并通过联合申报项目收益分配的监管保障合作方的收益分配的公正性、共赢性，逐渐改变地方高职院校排他性资源博弈思维。

二、地方高职院校：拓宽收益边界、创新分配机制、自我能力提升

（一）拓宽地方高职院校合作收益边界

地方高职院校合作协同发展是各领域的全面深入合作，涉及教学、科研、学生、后勤等领域，各领域的合作要嵌入到合作院校的校况、县（区）况、市况等现实环境中，要突破原有以会议、联盟为主的合作形式，要在师资人才流动、科研设施投入、学生管理等方面敢于探索，形成广泛的合作收益路径，全面提高显性和隐性收益预期，充分的合作协同发展认知会避免现有短视性认知局限的产生。

（二）创新地方高职院校合作分配机制

实践中，地方高职院校参与合作之初由于对收益界定不清晰，分配上往往模糊规定，容易滋生利己的机会主义，受损失一方往往不愿争辩，抱着不再合作的思想。要创新分配机制，既要考虑物质收益，还要对隐性收益的分配进行约定。合理可行的合作分配机制是建立在公平共享的合作博弈思维基础上，是摒弃了现有的过分追逐排他性资源的利益冲突，可以正向激励职业院校开展合作协同发展合作，提升合作质量。

（三）探索提升地方高职院校合作能力

较高的资源转化能力、厚实的共享资源对于地方高职院校合作质量提升具有积极影响。资源转化能力关键在于合作伙伴隐性知识和技能的共享，要求地方高职院校合作的具体执行机构和行动人要建立良好的信任关系。良好信任关系的形成需要行动人具备利益让渡、利他性思维，需要建立良好的沟通渠道，避免信息非对称带来的影响，地方高职院校要为合作提供便利条件，降低行动人的合作成本。关键还是要在合作中杜绝利己性竞争博弈思维，尽可能形成具有约束力的合作协议，增加违约成本，抑制合作中机会主

义行为发生的可能，从根本上改变地方高职院校利己性博弈思维。

三、企业与社会：企业深度参与合作，社会积极营造良好职教发展环境

（一）企业深度参与地方高职院校合作

企业作为职教高质量发展的受益方之一，应主动深度参与到地方高职院校发展和合作中，尤其是区域产业头部大型企业，应统筹企业资源，在企业内部制定统一的校企合作目标和要求，要形成多方合作机制。企业要具有校企包容性，要正确定位校企关系，发挥人才主体地位，依托企业产业人才集聚优势，与地方高职院校联盟等合作组织共同商定区域产业人才质量培养要求，并形成通畅的人才培养信息沟通反馈机制，确保人才培养随产业发展动态调整，降低人才培养的重复性投入成本。

（二）社会积极营造良好的职业发展环境

客观来讲，我国社会各界对职业教育认知存在片面性，认为职业教育是淘汰学生的被动选择，职业教育的社会地位偏低，在一定程度上降低了职业教育工作者的积极性，抑制了地方高职院校合作动力。社会各界应重塑职教认知，要将职业教育与精英教育区别开来，要认同职业教育在我国教育结构中的地位和重要性，应加大职业教育投资渠道，鼓励优秀人才加入职业教育发展工作中去，要为社会各界架构正确、科学的职业教育发展评价体系，营造积极向上的氛围环境。

第五章　"区校一体"：地方高职院校适应性变革有效模式

开发区作为区域发展的科技、经济、开放引擎，是区域新旧动能转换的先导区，是新经济、新技术策源地，也是新职业、新专业发祥地。在开发区，高新技术产业"技术迭代快、技能更替勤"的人才需求规律，对人才培养提出了"紧贴产业发展、紧密校企关系、紧扣岗位需要"的要求。全国1 518所高职院校中，有270余所办在开发区，这270余所高职院校要更好服务开发区高质量发展，推动开发区高质量发展，实现开发区与地方高职院校的协同发展是重要的时代命题。

近年来，无锡高新区把推动职业教育高质量发展，向现代制造业、战略性新兴产业输送充足高素质技能型人才作为实现争创具有世界影响力的高科技园区、争当现代化国际化建设先行示范区目标的重要支撑。积极推进苏锡常都市圈职业教育改革创新，打造高质量发展样板，在推进职业教育布局与区域发展协同、推进职业教育与区域产业体系融合、建设高水平教学创新团队、构建高质量人才培养体系以及拓展职业教育服务功能等方面进行了全面、积极的探索。

无锡科技职业学院（以下简称无锡科院）是江苏省首家由国家级高新技术产业开发区举办的公办高职院校，是江苏省中国特色高水平高职学校建设单位。作为开发区办学、又办在开发区的高职院校，无锡科院主动扛起职教改革江苏担当的探索者重任，立足开发区，融入开发区，服务开发区，发挥学校省管、市属、区办体制优势，走出了一条"校应区建、区因校兴、区校一体"产教融合之路，构建起"三环耦合、四院融通"的区校协同人才培养模式，在服务区域发展方面初见成效。本章在前面辨析地方高职院校适应性变革的理论基础上，辨析无锡高新区高质量发展对地方高职院校的需求趋势，解构无锡高新区与无锡科院"区校一体"协同发展的内容举措，总结该模式的内涵经验特色，为地方高职院校适应性变革，尤其是新商科类人才培养提供理论支撑和可借鉴的行动参考。

第一节 无锡高新区高质量发展的职教需求

一、无锡高新区基本概况

无锡国家高新技术产业开发区是1992年11月经国务院批准的国家级高新技术产业开发区。2015年12月，经国务院、省政府批复，成立新吴区，实行高新区、新吴区"区政合一"管理体制。无锡高新区（新吴区）地处无锡东南部、长三角几何中心，区内机场、高铁、高速、港口等交通基础设施一应俱全。全区行政辖区面积220平方公里，下辖硕放街道、旺庄街道、江溪街道、梅村街道、鸿山街道和新安街道六个街道，常住人口72万人。无锡高新区是吴文化的重要发源地，历史文化底蕴深厚。经过30多年发展，无锡高新区已成为无锡市重要的经济增长极、对外开放窗口、科技创新基地和转型发展引擎，成为苏南国家自主创新示范区"8+1"建设框架的重要组成部分、江苏唯一首批入选中央海外高层次人才创新创业基地的开发区，获批国家传感网创新示范区、国家创新型园区、国家生态工业示范园区、国家知识产权试点园区、国家进口贸易促进创新示范区。

无锡高新区经济发展居于全国前列。据无锡高新区管委会新吴区人民政府统计，无锡市统计局统一核算，2023年，全区实现地区生产总值2515.69亿元、增长6.1%，高于省市平均，人均GDP继续保持江苏省县市区第一，一般公共预算收入262.2亿元，完成规上工业总产值6508.71亿元，全省城区第一。无锡高新区始终坚持产业强区主导战略，突出培育以制造业为核心的竞争优势，正以"6+2+X"现代产业体系为引领，重点发展物联网、集成电路、生物医药、智能装备、汽车零部件六大地标性先进产业，高端软件和数字创意、高端商贸和临空服务两大现代服务业以及第三代半导体、人工智能、区块链等未来产业。其中，集成电路产业规模占全国 1/9，物联网产业规模占全国 1/10，生物医药产业园区综合竞争力跻身国家前 20 强，集成电路获批国家级创新型产业集群，蝉联中国集成电路园区综合实力第二名，物联网 MEMS 传感器产业集群入选省级中小企业特色产业集群。无锡高新区作为全国首批国家级高新区，因改革而生，伴开放成长，打造了国内外知名的"日资高地""韩资板块""欧美组团"。外商投资企业营收占区经济总量 3/4，形成了具有重要国际影响的日资高地、韩资板块、欧美组团。2023 年，完成进出口总额约 3 563.9 亿元，跨境电商综试区建设有力推动。①

无锡高新区自成立之初，就牢固树立"科技是第一生产力"的理念，全力以赴贯彻落实创新驱动核心战略。国家科技型中小企业入库首次突破 2 500 家，有效期高企数达 1 525 家，全市第一。2023 年，入围中国潜在独角兽企业榜单企业 9 家，上榜中国物联网"新物种"企业榜单企业 7 家，入选省独角兽、瞪羚企业 76 家，全市第一；新增国家专精特新"小巨人"企业 33 家、累计 52 家，全市第一；新增上市企业 3 家，累计 36 家，其中科创板 10 家，位居全国高新区前列；国省市各级人才项目申报入选数持续保持全市第一，在全国高新区排名中跻身第 18 位。举办"百企千才高校行"等活动 30 余场，出台"助企、引才、筑巢"安居计划；产业人才实训学院有效留"新"率超八成，引进高层次人才超 3 100 人、全市第一，新增高技能人才超 4 100 人，入选首批省级顶尖人才"登峰计划"1 人、科技部高端外国专家引进项目 4 个，国家重大人才工程 B 类入选数全市占比 78%。创新生态日趋完善。②

二、无锡高新区高质量发展对职业教育的需求分析

无锡高新区内有无锡科院 1 所高职院校，无锡机电高等职业技术学校、无锡卫生高等职业技术学校 2 所中等职业学校，在校生 2 万余人，虽然无锡

---

① 《最新数据出炉：人均 GDP 全省第一！无锡高新区交出"硬核"答卷》，新吴区人民政府官网，2024 年 2 月 1 日。

② 周梦娇：《无锡高新区，何以打造长三角创新高地》，人民网，2024 年 6 月 17 日。

高新区职业教育对经济高质量发展与产业转型升级的支撑与推动作用日益增强，但其发展依然面临职业教育有效供给不足、职业院校社会服务能力短板突出等问题，亟须加强对进一步促进职业教育发展质量跃升的规划与思考。

（一）无锡高新区新质生产力形成需要更高质量职业教育

新时期，无锡高新区产业结构转型升级步伐加快，新技术应用领域迅速深化和扩大，物联网、智能装备、新能源、生物医药等现代产业集群发展对高素质技能型人才的需求旺盛。但高新区职业教育体系的层级体系建设相对滞后，与高端制造业发展以及制造业整体技术水平提升的要求不相适应，职业教育仅限于中职与专科层次，职业本科教育发展尚未真正起步，硕士、博士层次职业教育更是遥远。因此，打破高新区职业教育专科层次"天花板"束缚，推进职业教育体系层次升级，发展本科层次职业教育成为高新区推进职业教育高质量发展的当务之急。

从宏观层面看，我国职业教育体系中本科层次职业教育尚处于起步的初级阶段，数量占比较少。而职业教育层次体系本身是一个动态变化的过程，随着产业结构转型升级，特别是高技术产业、高端制造业发展对高层次、高素质技能型人才需求增加，职业教育层次上移是必然趋势。但由于我国职业教育发展滞后于产业结构变革特别是高端制造业的高速发展，且职业教育政策长期僵化、发展模式以自上而下的行政控制为主，导致职业教育发展缺乏因地制宜的政策支持体系，教育层次体系整体偏低。国家对此问题也早已关注，并将发展本科职业教育、提升高等职业教育层次作为职业教育改革与发展的重要政策导向。2014 年 5 月，国务院发布的《关于加快发展现代职业教育的决定》中就首次提出"探索发展本科层次职业教育"，但该文件也同时规定"原则上专科高等职业院校不升格或并入本科高等学校"。虽然文件中仅表述为原则性规定，但由于政策缺乏变通与灵活性，这从根本上限制了高职院校独立升格为本科职业教育的可能性。直到 2019 年 2 月，国务院发布的《国家职业教育改革实施方案》明确提出，"开展本科层次职业教育试点"，推动本科层次职业教育实现形式与培育模式多样化，才从政策上突破了上述"原则性限制"。其后，首批职业学院升格为职业大学，本科层次职业教育真正步入起步阶段。可以预计"十四五"时期，在政策"规范"和发展"目标"双重驱动下，我国本科职业教育将加速发展。无锡高新区必须全力抓住发展机遇，区校协同、上下同心，推动区内本科职业教育建设发展步伐。

无锡高新区产业转型升级中不断推动新质生产力形成，对更高水平的高技能人才需求量急剧增加，如何最大发挥区域内职业院校的功能作用是当前的重要课题。

（二）无锡高新区职业教育发展需要更具特色的产教融合

产教融合一直是无锡高新区促进职业教育高质量发展的重要抓手，也是高新区职业教育的一大特色与亮点。但目前高新区职业教育在校企合作、产教融合的深度与广度方面依然亟待进一步加强，校企之间远没有形成紧密的利益攸关方，更没有形成真正的命运共同体。高新区职业教育校企之间的合作更多依靠彼此之间的"关系"或"感情"维持，而缺乏实质性的深度合作育人体制机制。深化校企合作、产教融合，其本意是推动教育链、人才链与产业链、创新链的有机衔接，实现经济发展、产业升级与职业教育供给与需求的动态匹配与对接，推动职业院校与行业企业的互利衔接。但现实中，高新区的产教融合与此理想状态还具有相当差距。

一方面，高新区职业教育产教融合缺乏整体设计与系统化的制度、政策保障与支持，整体性构建欠缺。虽然集成电路、智能制造等部分行业协会积极参与高新区产教融合项目的规划与实施，但总体而言高新区职业院校的校企合作多数尚停留在初级阶段的形式化合作或仅是点对点的合作，属于一个项目对接另一个项目、单个院校对接单个或数个企业、单个专业对接与之相关的单个行业的合作。政府层面的顶层设计依旧不足，缺乏与高新区经济发展、产业集群建设、行业发展之间的整体性建构。区内职业院校在专业设置、培育方案、教学资源、教学过程、学生就业等方面更多依靠各部门、各专业的独立规划与设计，缺乏针对高新区产业、岗位需求以及区域资源禀赋等方面的整体规划，与区域高端产业发展和产业转型升级的针对性联系不足。

另一方面，产教融合过程中，除个别产业外，多数产业与职业院校的合作形式单一，局限于学生实训、实习等方面，少部分涉及人才培养模式、课程开发等，但缺乏科技研发、技术创新、学科专业建设等深度的一体化校企合作规划。此外，职业院校人才培养过程中，学科导向思维依然占主导地位，对产业技术变革、技术创新以及技术市场的需求不敏感，地方政府、职业院校和企业之间对产教融合目标的理解与需求存在不小差异与偏差，在产教融合实践与执行过程中缺乏体系化的引导与制度规约。校企合作过程中，校企双方都基于自身利益与成本进行考量，当合作成本高于收益或无利可图时，企业多会选择回避合作或仅开展形式上的合作，只有当收益大于成本或可能实现互利共赢时，企业才可能积极主动合作或深度参与职业院校学科专业建设以及人才培养。

（三）无锡高新区产业发展需要更高素养产业技能人才

近年来，无锡高新区把智能化、数字化、绿色化和高端化作为制造业转型升级的重要方向，在维持物联网、新能源、生物医药等高技术制造业和先进制造业投资高速增长的同时，对通用设备、专用设备等传统装备制造业转型升级的投资也不断加大力度。在此背景下，制造业的人力资源需求总量与占比持续上升。从人力资源供需的整体情况看，制造业技能人才、专业人才供需缺口将长期存在。目前从职业类别看，主要服务于制造业的生产运输设备操作工是无锡市人力资源市场第一需求主体和求职主体，但供需存在较大缺口，求人倍率长期在 1.5 左右浮动。专业技术人员是无锡人力资源市场供需矛盾最为突出的类别，求人倍率达到 2.1 左右。制造业技能人才和专业人才供不应求的矛盾成为无锡人力资源市场的主要矛盾。先进制造业，特别是信息技术产业、集成电路、生物医药等产业的人才缺口呈现加大的趋势。从专业人才需求看，对初级、中级和高级专业技术职务人才的求人倍率分别为 1.01、1.00 和 1.25。目前技能人才和专业人才供求缺口方面，总量矛盾最为突出的是初级技能人才，供求失衡程度最为突出的是高级技师和高级职称人才，其求人倍率分别为 1.79 和 1.25。

技能人才短缺在一定程度上成为制约无锡高新区先进制造业发展效率的重要制约因素。技能人才的短缺，一是将制约先进制造业的创新效率，导致先进制造业企业层面的创新与成果转化效率降低；二是将影响传统制造业转型升级的效率，技能人才供应不足成为影响传统制造业的智能化、数字化和绿色化的重要问题；三是将影响先进制造业产业集群的形成，技能人才和专业人才聚集程度程度低影响先进制造业产业链纵向和横向的拓展。

高新区技能人才短缺的原因除了劳动力供给总量下降、传统观念影响、职业教育与产业发展脱节等一般性因素外，还受到以下因素影响。一是社会上各类职业院校技能人才毕业生流失严重。职业院校是人力资源市场新增技能人才的主渠道。但职业院校的毕业生有很大一部分并没被急需的制造岗位所吸纳，而是选择从事营销、办公室文员或服务业岗位等非制造岗位。技工专业毕业生的大量流失，降低了职业院校服务制造业发展的效能，既造成教育资源的浪费，也降低了技能人才培养促进政策的效率，客观上加剧了先进制造业技能人才的供求矛盾。二是高新区自身职业院校招生与培养能力已达极限。无锡科院为高新区技能人才培养的主力军，但地处高新区核心区的无锡科院校园空间有限。目前在校学生数量达 11 000 名左右，其中常住学校学生数量约为 8 000 名，其余在外实习，学生宿舍等硬件设施利用率已达极限，无法支撑学校应高新区产业发展需求上升而扩大技能人才招生与培养规模，从根本上限制了高新区职业教育体系技能人才的有效供给能力及其对高新区产业发展的支撑能力。

（四）无锡高新区高质量发展需要更丰富的职教服务

无锡高新区科技型中小企业密集，对外部科技创新研发、技术服务等具有广泛的需求。高新区政府、职业院校也把技术服务作为产教融合的重点内容。但限于一系列主客观因素，科研、技术服务还是成为职业教育高质量发展的薄弱环节。企业与职业院校在技术服务方面常常面临企业有需求，但院校科研团队无能力对接或教师对接意愿不强烈，或者院校教师有技术、有意愿，却不能发掘和对接需求等困境，使科研与技术服务成为职业院校教师社会服务能力的主要短板。此外，高新区职业院校科技成果转移转化能力也相对较弱，创新性科研较少。

一是需要有效的交流沟通与协同合作平台。科技型中小企业或传统企业转型升级过程中往往会遇到许多自身技术力量无法解决的工程或技术难题，特别是一些小微企业通常会遇到不少难度并不大的技术问题，但这些问题或者由于企业缺乏与高层次科研院所对接的渠道，或者由于技术解决方案的价值过低那些大型产业技术研究院或大学不愿意接此类项目。此外,部分技术服务项目需要技术服务人员长期合作与服务,使用区域外的技术合作伙伴面临成本不经济问题。这些问题对于既兼具较高理论与实践水平,又具有本土服务优势的高新区职业院校教师与科研人员而言是理想的技术服务对象。但职业院校教师能提供的服务与企业需求之间缺乏有效及时沟通的桥梁与平台,供需之间对接效率低下,使高新区职业院校服务区域企业发展的功能与优势未能有效发挥。虽然政府或院校也尝试建立了部分企业服务平台,但由于缺乏专业的运营团队、完善的运营机制,在现实中起到的作用比较有限。

二是需要科研与技术服务的领军人物。院校对外技术服务呈现部分院校越做越好,部分院校打不开局面则越做越少的马太效应。其中的一个关键影响因素是院校有没有一批能力突出而又热心于对外服务的领军人物。一般而言,本科院校人才结构丰富,技术服务领军人才较多,而职业院校人才结构较为单一,技术服务领军人才匮乏。同时,职业院校教师知识、能力结构相对单一,与高层次普通院校相比,其进入工作岗位后接触技术前沿的机会很少,尤其是工科类教师,职业院校很少能提供开展前沿研究的设备与机会,使教师技术能力发展受到限制。此外,职业院校教师较少具备开拓技术服务市场的意识与能力。在此背景下,一方面技术服务的领军人物很难依托职业院校本身构建高效率的服务团队,另一方面职业院校也缺乏培养技术服务领军人物的土壤。长此以往,必然影响职业院校服务区域企业发展的能力与效率。

三是需要职业院校完善技术服务激励机制。首先,职业院校缺乏专职科研团队,教师额定工作量高,时间与精力成为制约对外服务的刚性约束。相较于普通高校,职业院校教师在计算额定工作量方面多数仅计算上课课时,且职业院校师生比高,额定教学工作量大,教师时间自由度相对较小,导致教师团队无力对外开展大量技术服务。其次,职业院校考核评价机制不利于教师队伍开展技术服务。虽然近年来高新区职业院校对教师个人与团队开展横向课题研究,开展企业技术服务提出了诸多激励政策,但由于缺乏科学的评价标准和手段,职业院校在学校层次建设、教师职称评定和职务晋升等方面依然更加突出信息化教学、技能竞赛、高层次纵向课题、高水平期刊论文等方面的重要性，社会服务在评价体系中占比较小，企业技术服务更多是教师个人的业务。最后，相对于高层次普通高校，职业院校行政管理层级更加明显，规章制度更加复杂、执行更加严格，这在一方面更好地对教师起到了保驾护航的作用，但另一面也可能抑制教师团队才能的发挥。

第二节　"区校一体"发展模式的概况

一、无锡科院基本概况①

　　无锡科院位于长三角几何中心、吴文化发源地、素有"太湖明珠"之称的历史文化名城——江苏省无锡市，坐落在拥有 5 000 余家科技企业、1 000 余家国家高新技术企业的国家级开发区——无锡高新技术产业开发区的核心地带，目前在校生人数 11 000 余人，专兼职教师 917 人，其中具有硕士及以上学位比例为 71.29%，具有高级职称比例为 35.29%，"双师"素质比例为 79.33%，聘请 80 余名企业海归博士、行业精英、企业技术专家担任学校产业教授，打造了校企"混编式"教学团队。

　　学校秉承"立足高新区、融入高新区、服务高新区"的办学宗旨，面向高新区"6+2+X"现代产业体系构建二级学院和专业格局，设有集成电路学院（无锡高新区紧缺人才实训学院）、物联网与人工智能学院、智能制造学院、商学院（空港物流学院）、文化旅游学院（新吴区社区学院）、数字艺术学院、继续教育学院、海外教育学院 8 个二级学院，设置 31 个专业，形成了工、理、文、艺并行发展的专业格局。其中，微电子技术专业入选工信部产教融合专业合作建设试点，移动互联应用技术和现代物流专业为江苏省高水平专业群，建有省高水平骨干专业 3 个。

　　学校积极探索实践开发区高职特色办学路径，构建"区校一体、三环耦合、四院融通"的办学格局，探索形成了"创新驱动，区校一体"的全国高新区高职教育新吴模式。依托无锡国家高新技术产业开发区，与华润微集

---

① 无锡科院官网简介（2023 年 12 月 30 日）。

成电路（无锡）有限公司共同牵头打造无锡集成电路产教联合体成功入选首批国家级市域产教联合体，牵头组建全国半导体行业产教融合共同体，牵头成立全国开发区职业教育发展联盟、中国（无锡）跨境电商综试区人才培养产教联盟等；与无锡高新区龙头企业共建产业学院 5 家，集成电路专精特新产业学院入选工信部中小企业发展促进中心第一批"专精特新产业学院"建设名单，建成工信部中小企业发展促进中心"校企协同就业创业创新示范实践基地"，建有省发改委工程研究中心 1 个、省教育厅工程技术研究开发中心 2 个、省级产教融合平台 2 个，政行企校协同保障战略产业人才供给；区校共建紧缺人才实训学院、新吴区社区学院，为高新区重点企业培养"本科后"特需人才 8 000 余名，形成覆盖 6 个街道、115 个社区的终身教育体系，成为全国、全省优秀成人继续教育院校，获评省成人教育改革发展 40 周年 40 佳社教单位；区校共建全国高校首个"学习强国"线下体验馆暨大学生思想政治教育实践基地，获评省级社科普及基地，特色育人实践入选《2023 中国职业教育质量年度报告》典型案例。学校服务地方不断取得新成效，三度荣获中国产学研合作促进奖，四度荣获无锡市职业院校产业发展贡献奖。

近年来，师生斩获全国职业技能大赛一等奖、"挑战杯"中国大学生创业计划竞赛金奖，获省职业技能大赛一等奖 19 项、省教学能力大赛一等奖 6 项，获省教学成果奖一等奖 1 项、二等奖 4 项，"校园节庆"文化入选全国职业院校校园文化建设"一校一品"学校。建校 20 年来为社会培养了 4 万余名高技能人才，毕业生就业率始终保持在 97% 以上，服务地方和区域就业率达 70%。

无锡科院努力践行"聚焦高质量，服务学生成长成人，聚焦高水平，服务高新区发展"的办学初心和价值追求，聚力创新驱动，聚焦区校一体，努力实现区校协同高质量发展。无锡国家高新技术产业开发区（以下简称开发区，与无锡市新吴行政区合署），是全国 173 个国家级高新技术开发区之一，近年来致力于强化区校协同，加快教育部、江苏省共建苏锡常都市圈职业教育高地进程，在人才培养、产业支撑、服务区域等方面进行实践探索，推动职业教育高质量发展。开发区将学校设施建设纳入城市建设进行统一规划，支持学校办学的经费按每年不低于 10% 的增幅增长，以保障学校高质量发展。

二、"区校一体"协同发展的主要内容

无锡高新区为更好履行其国家赋予的历史使命，满足高新技术产业与新兴产业发展对高素质技术技能人才的需求，于 2003 年创办了无锡科院，这是江苏省第一所"由开发区办、又办在开发区"的高职院校。20 年来，高新区不断创新职业教育发展模式，构建了以无锡科院为培育主体的"科院 +"职业教育新体系。目前，无锡科院设有集成电路学院（无锡高新区紧缺人才实训学院）、物联网与人工智能学院、智能制造学院、数字艺术学院等 7 个二级学院，专兼职教师 917 名，专任教师中具有硕士以上学位占比超过 70%，具有高级职称比例为 35.29%，并聘请 80 余名企业海归博士、行业精英、企业技术专家担任学校产业教授。学院专业建设深度对接高新区"6 + 2 + X"现代产业集群，拥有各专业工科类博士 20 余名。微电子技术专业入选国家工信部产教融合专业合作建设试点，移动互联应用技术和现代物流专业为江苏省高水平专业群。

近年来，无锡科院成为"全国开发区职业教育发展联盟"牵头院校，也是"长三角开发区职业教育发展联盟"牵头院校之一。高新区依托无锡科院开展职业教育发展路径创新，探索开发区职业教育发展的新模式，聚焦高水平，服务学生成长成人；聚焦高质量，服务产业转型升级；聚焦人才链疏通融合路径，形成"一纵一横"、多边互动的高新区职业教育发展"区块链"。

（一）构建"地校协同"一体化育人组织

为促进职业教育更好融入区域经济社会发展，2020 年 4 月，无锡高新区牵头与无锡科院共同组建学校理事会，构建"地校协同"一体化育人组织。高新区党政主要领导担任理事长，学校主要领导任副理事长，政行企校相关单位负责同志担任理事会成员。学校每年向理事会汇报工作，寻求支持，将学校发展列入高新区规划和年度计划。完善了"理事会—合作专委会—项目联管会"三层组织结构，实施"规划决策—统筹协调—组织实施"三级运行模式，形成了政、行、企、校多元主体协同治理平台，为深化校地合作、产教融合、校企合作提供有效的组织保障。在理事会领导下，依托学校成立

发展咨询委员会、校地合作委员会、校企合作委员会和校区（园区）工作委员会。由区分管人才工作的领导牵头"校地合作委员会"，分管产业的领导牵头"校企合作委员会"，强化"区定专业、企业定规格"的专业动态调整机制，依托高新区"产业链相对完整清晰、高层次人才高度集聚"的区位优势，率先建设了移动互联应用技术等6个新技术专业，有效增强了高新区职业教育人才培养的适应性。探索以科技项目和平台为抓手，构建"创新在学校、创业在园区"人才共享机制，促进校企高层次人才双向流动。聚焦特色产业园区，支持院校企共建特色产业学院，促进专业群建设与产业链发展有机衔接，在高质量服务高新区产业高质量发展的实践中探索出一条"校应区建、区因校兴、区校一体"的融合发展之路，形成了具有高新区特色的职业教育发展模式、育人体系和服务格局。

（二）纵通本科中职，打通职教培养体系

针对区域经济发展与产业转型升级过程中不同层次人才的需求，高新区创新职业教育办学模式，在纵向上打通职业教育培养体系，纵通本科、中职，形成人才供给梯度。持续优化服务学生成长成人内循环，不断增强职业教育的自适应性。一是高新区与无锡科院共建紧缺人才实训学院，实施"本科后"紧缺人才培训。依托无锡科院联合龙头企业，连接区域外教育链，突破高新区职业院校人才供给规模的自我局限。通过"3+3"形式招收无锡籍学生，为高新区培养"永久型"技术技能人才。面向全国100多所本科院校，招收仅万名本科生，对高新区内集成电路等产业亟须的、通过双向选择前来就业的相关专业毕业生开展为期6个月的岗前教育，重点培养他们的"双创"能力与一线实践能力。二是与本科高校合作开展"3+2""4+0"以及七年一贯制人才培养，打造职普融通联合体。实现专业设置与产业需求对接、课程内容与职业标准对接、教学过程与生产过程对接，打破以知识点为串联方式的碎片化课程体系，为高素质技术技能人才培养探索出了一条有效途径，并帮助众多企业解决对本科生"上手快"的需求，为产业高端与高端产业提供有力的高技术高技能人才支撑。三是依托中高职衔接项目，实施分段培养，强化高职教育技术适应能力与综合素质教育，培养学生发展的后劲。

高新区的"一纵"是已形成的院校链的整合,把无锡科院服务外包集团、职教集团以及四大专业建设整合起来,从而打通本科、专科、中专教育,上下贯通,形成完整的教育体系。这既是高新区职业教育"立足高新区、融入高新区、服务高新区"初心与使命的体现,也是"区校一体"办学新模式的具体体现。

(三)横贯园区街道,构建服务区域发展网络

无锡高新区在横向上贯彻服务发展理念,畅通服务区域发展外循环,增强职业教育的他适应。以高新区与无锡科院共建的社区学院等为载体,发挥"政府+学校"双引擎作用,构建横贯园区街道的终身教育服务新体系。以教育的基本单元(学校)牵头,与高新区的工业园、产业园、社区和街道合作,到边着地,实现全面对接。建成覆盖全区6个街道、109个社区的"社区学院—街道中心校—社区教育居民点"三级教育网络,面向居民开展"培训+学历"定制班,面向行业企业开展在职、转岗职工培训,面向农民工、退役军人、残疾人实施专项培训,满足区域经济社会发展的教育培训需求和社会成员多样化、个性化的学习需求,形成了覆盖全域全民的终身教育服务网络。

(四)打造产教联合体"新吴模式",提高职业教育适应性

无锡高新区深刻认识到相对于普通教育,职业教育是一种跨越学习与工作、专业与职业、学校与企业界限的跨界性教育,是校企共同参与的双主体、双场域教育,甚至在本质上就是校企合作教育,绝不能让职业院校关起门办学,必须走产教融合、校企合作的开放式办学之路。职业教育的适应性需要适应新时代要求的职业教育体系来支撑,无锡高新区把产教联合体作为构建职业教育体系的核心载体,致力于将高新区优质产业资源转化为职业教育发展资源,把高新区打造成为国内产教深度融合先导区,以高质量职业教育服务高新区建设,打造高新区职业教育高质量发展样本。在高新区政府与区内职业院校的共同努力下,产教融合、校企合作成为高新区职业教育办学的底色,职业教育与区域产业体系协同发展趋势愈加明显。

1. 推行"三互两共"合作机制,构建"四院融通"新格局

产教联合体是立足于产业园区层面,围绕区域产业发展问题与产业需

求，统筹和推动企业与院校合作攻关所建立的一种协调性组织。在新经济形态与发展过程中，只有产教融合发展才能有效提高人力资本利用效能，推动社会经济高质高效发展。无锡高新区通过建设产教联合体解决区域产业发展过程中面临的产教融合问题，依托产教联合体平台来论证问题、立项问题和解决问题，整合资源并开展实体化操作，推进各主体间的联合，促进教育、科技与产业共同发展。

建设高新区产教联合体的关键是要解决一个重大的"关系"问题，即能否把高新区产业资源、教育资源真正融合到一起。近年来，无锡高新区建设职业教育体系，不仅关注"要素"问题，更关注"结构问题"，紧扣"一体化"，打造"共创、共建、共享、共赢"联合体，通过将产教融合"起点"迁移到校企人才供需"缺口"上。引导职业院校突破以学校为中心的育人空间，把人才培养置身于高新区产业经济活动之中，形成"学分互认、教师互兼、课程共享、专业共建"的"三互两共"合作机制，创建了以各级各类职业院校为培养主体，以紧缺人才实训学院为产业技术先导，以特色产业学院为协同育人支撑，以社区学院为供需服务网络的"四院融通"职业教育新格局。通过紧缺人才实训学院，引入头部企业培训资源，落实"3＋3""3＋2"贯通培养计划，联合开发基于"岗内分层、岗间分序"的中高本对接人才培养方案，有效解决中高本人才培养岗位分工与贯通培养问题。通过"芯火集成电路"等特殊产业学院，形成"校企双主体、工学双轨道、理实一体化"工学交替路径，解决项目分散、多头对接、重复管理等校企合作面临的困难与问题。通过实施高层次人才"共推互聘"项目，聘任产业教授参与专业建设，优化师资队伍结构，组建师生科研助理团队积极参与企业创新创业活动，汇聚校企资源，解决职业院校教师技术技能更新、教学内容更新难以持续等问题。

2. 对接"6＋2＋X"现代产业集群，打造"双主体、三维度、四通道"双元培养模式

依托产业学院夯实产教联合基础，组织无锡科院精准分析地方需求，紧密对接区域"6＋2＋X"现代产业集群，与高新区龙头企业共建芯火集成电路产业学院、奥特维智能制造产业学院、空港产业学院、新吴数字文化产业

学院、新吴天极数字产业学院 5 家产业学院。其中集成电路产业学院获批工信部第一批"专精特新产业学院"建设项目。

2022 年，无锡高新区出台《职业教育"双元制"试点方案》，聚焦高新区集成电路、高端装备、高端软件等特色产业，试点学校联合校企合作企业，打造"双主体、三维度、四通道"的双元培养模式。其后无锡科院制定了具有高新区特色的"双元制"实施方案，并与海力士、村田、上华、奥特维等共同制定"双元制"班学徒实施方案，结合高新区特色重点产业，打造并挂牌了"长三角集成电路产业学院"。同年，高新区人社局也提出要加快开展产教融合型企业培育，开展了无锡市首个学徒制技师班，持续推进企业新型学徒制的开展，通过产教融合为企业输送技能人才。试点学校无锡科院与校企合作企业赛昂公司协作进行了学徒制培养试点，企业导师校内导师共同制定人才培养方案，同体探索共育人才的长效建设机制。

3. 紧抓"三教"改革，打造校企"双主角"教学改进大舞台

无锡高新区职业院校以"三教"改革为抓手，使产教联合体成为校企"双主角"的教学改进大舞台。高新区引导区内相关企业与职业院校，校企协同，重点面向集成电路、智能制造等行业相关职业岗位，定岗培养具有产品设计项目经验、具备一定实践工作能力的技能人才，并进一步借助高新区产业集聚优势，培养通过集成电路行业协会、智能制造行业协会组织的职业资格考试的产品设计现场工程师。在此目标下，校企协同规划设计满足产品设计现场工程师培养目标与培养要求的教学模式与教学方案，进而实现高水平技术技能人才培养从"泛岗、半成品"向"定岗、产品"的转型。同时，高新区积极引导校企共同构建学生学业考试与职业资格考试融合机制，强化企业职业岗位人才需求在教学过程中的导向作用。上述措施在实践中均取得良好的成效，通过行业协会组织的有关集成电路、智能制造现场工程师职业资格考试的毕业生，在这些行业协会会员单位就业的劳动报酬明显高于同届毕业生的平均水平。

（五）强化科教融汇，构建"一供给三服务"社会服务新格局

1. 推行"理实一体"工作新机制

高新区职业教育着重服务区域 3 000 家企业，其中 1 500 家为外资企业，

53 家为世界 500 强企业，125 家为企业总部。区域内拥有国内具有重要影响力的日资高地、韩资板块和欧美组团，拥有物联网、空港物流、集成电路等多个千亿级产业集群。特别是物联网产业，世界物联网看中国，中国物联网看江苏，江苏物联网看无锡，而高新区贡献无锡物联网 3/4 的产值。在此背景下，无锡高新区，一是进一步明确无锡科院"服务新区办公室"和"高新区高职教育研究院"职能，制定完善了"理实一体"的工作新机制。二是通过紧缺人才实训学院，与全国 100 余所本科院校签订协议，为愿意来高新区就业的本科毕业生提供岗前培训，通过"校—校—企"协同，消除"两张皮"、定岗培养"成品"，既实现毕业生的高质量就业，又为高新区企业发展提供了高质量人力资源服务。三是通过实施"服务高新区三年行动计划"，进一步构建人力资源供给和科技服务、社区服务、文化服务等"一供给三服务"社会服务新格局，促进高新区职业教育社会服务新体系真正落地、生根、开花、结果。

2. 高标准打造协同创新团队

对于职业院校而言，教学与科研就如自行车的前后轮，它们相互促进、相得益彰、共同前行。无锡高新区引导职业院校通过平衡教学与科研，把应用型科研作为服务高新区产业发展的重要抓手。职业院校根据自身特点把产品创新、工艺创新作为科研服务的重点方向。不断完善政策，鼓励教师组建科技创新服务团队，开展横向科研，积极申报横向课题，引导有志于技术革新、技术改造、技术服务的大学生参与教师科研项目，把科教融汇落到实处。近三年，仅无锡科院就高标准打造了非标自动化装备研发、纺织装备和系统集成、精密汽车零部件产品设计、精密激光加工装备研发、智改数转诊断及培训、数字化工厂及工业人工智能、三维可视化影像系统研究、图像识别研究、智能物联网技术研究、6G 超大规模 MIMO 系统关键算法研究、信息感知与系统集成、智能传感综合研发与测试 12 个博士科研团队和协同创新团队，对高新区重点产业、科技企业的技术服务能力持续加强。

3. 全力推进集成化科技创新平台载体建设

近年来，无锡高新区不断完善集成化创新体制机制，加快建设集成化创新平台，职业院校对区域创新资源的整合能力不断增强，有效推动了高新区协同创新能力和集成化创新能力的提升。仅无锡科院就重点打造了江苏省自动化生产线智能装备工程研究中心等三个公共技术服务平台。近三年，无锡科院对无锡市企业共计开展技术服务项目 200 多项。重点平台、团队、研究方向与服务对象如下：

一是江苏省自动化生产线智能装备工程研究中心。中心涵盖机械类专业与自动化类专业，拥有自动化生产线智能装备关键技术研究与应用等多领域科研人员。平台聚焦智能装备产业，围绕"智能化仓储—智能化物流—智能化加工—智能化装配—智能化打标—智能化检测"智能化生产线，致力于自动化生产线智能装备关键技术的研究，重点开展机器人与视觉集成系统、智慧物流系统、智能制造信息化系统、设备健康智能化管理系统四个方面的科技创新。主要建有非标自动化装备研发等多个科技创新团队。

二是工业人工智能工程中心。2023 年 8 月获评省级工程技术研发中心，拥有专任研发人员 30 余人。主要技术领域包括智能生成技术（AIGC）、生产过程智能感知（Smart Factory）、生产计划智能决策和资源优化配置（M4CO）等。研究方向包括工业 CT 数据分析与可视化技术、移动机器人技术、生产工艺建模、检测与智能生成技术、数字化工厂、工业智能物联网平台等。中心建成"数字化工厂及工业人工智能团队"等多个主要以博士带头的科研团队，在计算机视觉、移动机器人、物联网及大数据等方面具有较强技术优势。中心科研团队成员近三年开展各类主要科研项目 100 余项，获江苏省科学技术奖二等奖等多个高层次奖项，申获省级以上课题多项，授权发明专利 10 余项。

三是新一代电子信息产业中小企业服务平台。平台依托江苏省物联网技术应用工程中心，主要建成信息感知与系统集成和智能传感综合研发与测试两支科研团队。成员中既有来自企业的资深工程师，也有长期从事相关科技研究的专家，其专业背景涵盖了电子科学与技术、检测技术及自动化、电子与通信工程等方向，能够为中小企业提供新一代电子信息技术方面的技术开发、试验、产品设计等服务。平台建有嵌入式、传感器等实验室及大数据中心等特色开放式资源共享技术平台，有效支持企业形成技术转移中心等。近年来完成"基于稀疏阵列的毫米波人体安检仪""物联网数据的不确定性问题的解决方案"等 10 余项企业委托课题，授权发明专利 20 余项。

平台致力于智能传感器产品应用方案开发，拥有加强解决方案设计研发、封测、工艺优化能力和信号完整性仿真、软硬件开发及系统集成能力。重点为高新区相关企业提供智能传感器应用解决方案、单片机开发、模组的电路设计、PCB 设计、电路板制作、模块组装、功能测试以及产品文档撰写等联合研发与技术服务，并为高新区相关企业的员工提供焊接与调试技能、电子电路 CAD 设计、单片机开发等服务。

第三节 "区校一体"发展模式的内涵特色

一、"区校一体"是地方高职院校树立全面服务区域发展的办学理念

作为国家传感网创新示范区、苏南国家自主创新示范区两个国家战略建设主体，开发区的物联网产业营收占全国 1/10、集成电路产业产值占全国 1/9。无锡科院正是锚定"发展高科技、实现产业化"的国家使命，应产业化发展对高素质技术技能人才需求而创办的。近年来，学校面向周边 900 多家高新技术企业，450 个超亿元重大产业项目，依托开发区"产业链相对完整清晰、高层次人才高度集聚"的区位优势，走出了一条区校一体化人才培养道路。

为了有效缩短人才培养与高新技术发展之间的"时差"，解决专业调整"跟不上"产业转型升级速度、技能习得"跑不过"岗位技术迭代速度、素养培育"达不到"技能社会建设要求的问题，2018 年学校党委提出，共性的办学理念是所有高职院校应该遵循的职业教育共同价值标准，那就是培养高素质劳动者和技术技能人才；个性的理念则是针对不同学校具有的不同价值导向，服务区域发展，为区域产业转型升级提供高素质技术技能人才支撑。作为全国 270 所由开发区举办的高职院校之一，无锡科院需要重新审视自身的办学定位，将人才培养改革目标聚焦在强化校企合作、缩短发展"时差"上。以解决"跟不上""跑不过""达不到"等问题为抓手，推进人才培养改革；以有效缓解开发区人才紧缺为目标，不断提升服务产业发展的能

力与水平。并明确提出"聚焦高水平，服务学生成长成人；聚焦高质量，服务开发区发展"的"两聚两高"办学新理念，为了这一初心使命，开发区延伸到哪里，学校的服务就"跟"到那里。"开发区有想法，学校就有做法；开发区有要求，学校就有追求"。无锡科院拆掉"围墙"、实行开放办学，把服务送到开发区每个角落，新吴区 220 平方公里的大街小巷、社区企业都有无锡科院的身影。

一是坚持校园向高新区开放。高新区（新吴区）的居民可以无偿享用学校图书馆馆藏资源、无偿使用学校体育设施，无锡科院的体育馆就叫"新吴体育馆"。邀请无锡市紫砂陶刻"技术能手"胡阿中、江苏省高级工艺美术师周永清、民间文艺家陈晓等大师任主讲教师的紫砂壶、惠山泥人和留青竹刻 3 个非遗技能传承培训班的开放，让更多居民领略到了非遗文化的魅力。其中的"新吴学堂泥人工作室"还被评为省级"名师工作室"。

二是坚持课堂向高新区开放。学校建有"新吴区市民学习在线"网站、"新吴社区教育"微信公众号和"e 学堂"移动数字化平台；制作了包括德育与公民素质、智育与职业技能、父母大课堂、老年生活、新市民系列课程、乐活 100 招等实用性微课，服务新吴区社区居民。便捷实用的数字化资源库，搭建起丰富多样的学习超市，2018 年以来，区校共建的新吴区社区学院先后 7 次获得中国成人教育协会"全国社区教育优秀微课程评选"奖。

三是坚持师资向高新区开放。学校聘请社会精英、地方名人、技术能手进校园、进课堂，为学生授课、为居民讲学；学校的专业教师进企业、进社区，为企业和居民排忧解难。为提升新吴区社区教育管理者的业务素质和实践能力，无锡科院还联合浙江大学、江南大学、扬州大学先后举办三期社区教育管理者培训，为打造素质过硬的社区教育管理队伍，助推新吴区创建全国社区教育示范区奠定了基础。

四是坚持实训基地向高新区开放。学校与新吴区政府、行业部门共建职业资格培训认证中心，面向社区开展培训、鉴定工作。近年来，接受实训基地培训后的技能大赛参赛者，先后获得国家级、省级奖项 104 个；2018 年新吴区社区学院获评中国成人教育协会优秀成人继续教育院校（培训机构）；2022 年无锡科院成为江苏省技能大赛新增考点。

二、"区校一体"是地方高职多元主体协同治理的深入实践

为适应开发区"技术迭代快、技能更替勤"的人才需求规律，无锡高新区与无锡科院不断探索与开发"省管、市属、区办"的独特体制优势，建立了多元主体协同治理的"区校一体化育人"体系。

一方面，突破以学校为主导的育人组织架构。由无锡高新区牵头成立无锡科院理事会，区党政主要领导为理事长，学校党政主要领导、区相关负责人为副理事长。分管工信、科技工作的区领导牵头校企合作委员会，对接行业产业，统一规划，形成"校地定专业，校企定规格"的专业动态调整组织机制。分管组织、人才工作的区领导牵头校地合作委员会，对接街道园区，统筹资源，搭建共享平台，形成"地校协同"育人空间。在开发区主导下，政行企校多元主体参与的一体化育人组织有效解决了育人主体协调难、专业设置与产业发展不同步等问题。

另一方面，创新"区校一体化育人"组织机制。聚焦高水平服务学生成长成人、高质量服务高新区发展，学校成立高新区高职教育研究院，研究开发区职业教育发展规律；成立服务高新区办公室，"滚动式"推进"服务高新区三年行动计划"。通过高新区紧缺人才实训学院、新吴区社区学院等协同育人平台，为开发区提供人力支撑、文化服务、科技服务和社区服务。

三、"区校一体"是地方高职院校专业群匹配产业生态的互促模式

建立高效的"教育与培训"（内循环）、"教育与产业"（外循环）的"双循环"相互促进机制，是无锡科院落实"两聚两高"理念的具体实践。学校紧紧围绕开发区物联网、高端装备、集成电路、电子元器件、汽车及零部件（含新能源汽车）5个具有国际影响力的世界级产业集群，从构建专业链、形成专业集群、拓宽服务面向、倒逼体制机制改革4个方面紧扣"双循环"，探索服务开发区的新路径、新策略。

紧扣"双循环"，首先是构建专业链，学校的专业设置、专业布局，紧密对接开发区的产业链、创新链，构建基于产业集群、产业链需求的专业

链。其次是形成专业集群，对应产业集群上同一产业链、创新链的职业岗位（群）要求，开展专业的集群化建设，形成特色专业集群。继而拓宽服务面向，既注重品牌特色专业的带动作用，促进相关专业共同发展，又注重突出集群效应，整合群内专业资源（教学设施、课程体系、师资团队、实训平台），增强专业集群的综合实力。最后是倒逼体制机制改革，改革组织架构，成立专门的专业集群建设领导小组；改革课程模式和学术形态，把教学团队打造成集人才培养、技术研发、社会服务于一体的教学创新团队；改革内外保障，学校高标准配备师资，高标准投入经费，开发区则将专业集群建设纳入产业发展规划，牵头构建政行企校协同合作机制。

紧扣"双循环"，还体现在人才培养方案这样的具体细节上。连续4年的专业人才培养方案集中审定会，不仅成了全校性的节日，更是学校的一场文化盛宴。学校领导悉数到场，职能部门负责人和相关教师全体到位，新吴区人社局、工信局、企业代表、学生代表莅临现场聆听。作为贯彻落实新修订的《职业教育法》的具体实践，人才培养方案审定会加深了一线教师和管理人员对培养什么人、怎么培养人、为谁培养人这一问题的理解和把握，更是落实三全育人、多元主体协同治理的一次实实在在的行动。人才培养方案确定后，课程的设置、教材的选用、师资的选配、实训环节的安排等，每个细节都有相应的制度保证，每个细节也都是教师、管理人员绩效考核的"评分点"，确保无锡科院人才培养的适应性。

2022年春学期，由"一办一院"牵头对学校服务开发区（新吴区）首轮《服务高新区（新吴区）三年行动计划（2019—2021年）》进行回头看，通过线上线下调研，先后联系走访了开发区（新吴区）17个部门、314家企业，听取用人单位对人才的知识、能力、素质要求的意见和建议，并在此基础上制定了学校服务开发区（新吴区）新一轮《服务高新区（新吴区）三年行动计划（2022—2024年）》。新一轮行动计划以推进江苏省中国特色高水平学校建设、全面提升学校内涵、打造产教深度融合先导区和长三角开发区职业教育高质量发展样板为动力，以形成"政行企校"多元主体、四方联动、协同治理的可持续发展格局为目标，使无锡科院成为开发区（新吴区）的产业人才培养基地、科技成果转化基地、街道社区服务基地和地域文化传承基地。

新一轮《服务高新区（新吴区）三年行动计划（2022—2024年)》以人才培养工程（包括"留新率"提升计划、产业工人培训计划、紧缺人才实训计划、高端人才引进计划4个具体计划）、科技服务工程（包括"区校一体"挂职计划、科技服务协同计划、产业升级服务计划、"数转智变"参与计划4个具体计划）、校地共建工程（包括基层治理协作计划、人口素质提升计划、品质新吴助力计划、职业启蒙教育计划4个具体计划）、文化传播工程（包括新吴历史传承计划、村社记忆保护计划、乡贤文化弘扬计划、文化自信提升计划4个具体计划）等"四大工程"为抓手，将计划落实到具体部门，确定完成各项计划的时间表、路线图，并建立严格的考核机制，确保服务开发区的质量和效果。

新一轮《服务高新区（新吴区）三年行动计划（2022—2024年)》通过人力资源供给和科技服务、社区服务、文化服务等"一供给三服务"来激发区校一体的"热度"，使"立足开发区、融入开发区、服务开发区"不再是标语，而成为区校一体化发展的共同心声；使"校应区建""区因校兴"也不再是口号，而成为"区校一体"高质量发展的基石。

四、"区校一体"是地方高职院校服务区域高质量发展的创新合作

开发区是新经济、新技术的策源地，也是新职业、新专业的发祥地。紧贴"增长极"，抢建技术技能迭代新高地，以平台载体建设夯实区校一体的"厚度"，在无锡科院也已形成共识。党的十九大以来，学校按照十九大提出的发展智能制造、加快建设制造强国要求，先后与开发区企业共建"江苏省智能制造应用工程技术研究开发中心""江苏省光伏高端装备工程研究中心"和"江苏省智能汽车产教融合集成平台"等高水平平台3个，与开发区共建高质量发展研究中心6个。特色产业学院、紧缺人才培训学院和新吴区社区学院等载体，更是在培养人才、服务产业方面实现了学校、政府、行业、企业、学生、社区多方共赢。

无锡科院与开发区及其领军企业多主体合作共建"新吴天极数字产业学院"；与无锡奥特维科技股份有限公司探索"产业链＋创新链＋教育链"三

链衔接，共建奥特维智能制造产业学院；以校企合作双主体运行管理形式，与无锡苏南国际机场集团有限公司共建空港产业学院；依托国家"芯火"双创平台，响应无锡国家级开发区打造集成电路千亿级产业集群战略，与江苏集萃智能集成电路设计技术研究所有限公司共同注资成立芯火集成电路产业学院，实现了基地共建、人才共育、师资共培、平台共搭，该学院已入选工信部"校企协同就业创业创新示范实践基地"，成为工信部首批"专精特新"企业培育基地产教融合中心成员单位。

学校与全国近百所本科院校联合，将有意来无锡高新技术产业开发区就业的毕业生集中起来，结合开发区不同产业对人才的急需状况，以区校共建"紧缺人才培训学院"为载体，举办为期 6 个月的预就业培训，使他们就业就能上岗。"紧缺人才培训学院"先后为开发区培养了近万名"本科后"人才，他们在开发区集成电路、智能制造等地标产业和战略产业行业中发挥着重要作用。

"新吴区社区学院"是无锡科院服务区域的传统载体，面向新吴区 6 个街道 102 个社区，依托"政府＋学校"双主体，发挥社区教育在促进人的全面发展、完善终身教育体系、建设学习型社会中的重要作用，其开放办学的理念已渗透到新吴区各个层面，影响着全校上下的办学行为。近年来持续开展下岗职工、退伍军人、农民工、残疾人、社区居民培训不断线，与新吴区人武部共建"退役军人就业创业学院"，为退役军人提供职业技能培训、就业双向对接和创业孵化引导；与新吴区总工会共建"产业工人学院"，培养新时代产业工人适应现代城市和现代企业所需要的思维方式、工作方式和行为方式，提升他们与城市建设和企业发展的融合度，5 年来共录取成人大专生 6 400 多名，其中新吴区产业工人 2 500 多名，占比约 40%；同时与新吴区财政局、应急管理局合作，为注册会计师、注册安全师等考证人员开展培训服务。2021 年累计开展社会培训 48 814 人次，是 2018 年 12 523 人次的近 4 倍。成立班组长培训中心，从增进人际关系、提升班组领导能力、提高班组长生产专业素养等方面，塑造和提升他们的综合能力，先后为开发区企业培养 600 余名班组长。

第六章　做准供需分析：新商科人才　　"区校一体"培养的基础

　　"区校一体"是无锡科技职业学院迈向高质量发展，适应地方发展对于职业教育需求，因地制宜，经过 20 多年发展形成的有益经验与发展模式。毋庸置疑，培养适应地方产业发展需求、符合劳动力市场产业人才需求的高技能人才是评价地方高职院校办学优劣的重要指标。为此，本章将以无锡科技职业学院新商科人才培养为例，从多个维度剖析其内涵、行动逻辑和特色做法，全面总结"区校一体"发展模式经验，为同类高职院校高质量发展与适应性变革提供借鉴参考。

　　随着以云计算、物联网、大数据、人工智能等为代表的新技术加速发展，新技术与传统商业的跨界融合，电子商务、互联网金融等新业态的形成，加剧了新商科人才需求的高阶性、复杂性。地方高职院校肩负着聚焦高质量，服务学生成长成人，聚焦高水平，服务区域高质量发展的初心与使命，而新商科作为一门将新理论与新实践紧密结合的科学性兼具实用性的学科，在新质生产力日新月异的发展态势加速了新商科人才培养模式的变革与重构。面对商业模式转变、产业转型升级、数字技术应用带来的挑战，地方高职院校如何加快适应新产业的专业建设，培养和输送符合新商科高素质技能人才是亟待解决的问题。要培养适应地方发展需要的新商科人才，需要对地方新商科人才供需进行准确分析，才能发现新商科人才培养面临的问题与挑战，奠定新商科人才培养的基础。

第一节　新商科人才培养的需求侧分析

一、新商科人才培养的内涵分析

商科是一门实践性很强、社会结合度很高的应用性学科，随着以信息技术为基础的新经济时代的到来，新的生产方式、商业模式、组织结构在市场中不断涌现，驱动市场未来发展的要素资源从物质能源转向信息技术知识，市场对人才的需求正发生颠覆性变化。学术界普遍认为，基于工业时代商科教育的模式难以适应新时代经济的发展，商科教育调整的改革必须具备颠覆性改革的创新思想。教育界学者适时提出了新商科的概念。在教育部高等学校工商管理类专业教学指导委员会 2019 年第一次会议上，齐佳音从新商科学生知识构成视角指出，新思维、新规则、新理论和新工具是新商科的新；席酉民指出，商科融入到工科、理科、行业教学中将会是新商科的发展趋势；孙芳城认为，新商科融合教育是指在传统商科专业内部融合基础上，再与人工智能、法学等学科外部融合，最终实现产教融合。

综合而言，与传统商科教育相比，新商科一是淡化了商科的学科属性，强调商科与其他学科跨学科融合；二是强调商科人才对于数字经济思维和工具方法掌握的重要性；三是强调新商科人才与产业对接的适时性。因此，新商科是传统商科的拓展与创新，是在商业、技术和人文愈发深层次融合的新商业时代，对传统商科的教育理念、专业建设与人才培养模式进行革新探索，旨在培养一批具体全球视野和数字商业价值观、能掌握运营数字商业规律、知识技能跨界复合、多种思维交叉融合和终身学习持续发展等鲜明特征的复合型新商科人才，为商业转型提供必要的人才支撑。

研究高职新商科人才"区校一体"培养，打造培养适应信息化、智能化和个性化时代需要的新商科，就是要在培养理念上坚持"区校一体、创新卓越"，在培养目标上全面提升"高职院校治理能力、专业服务能力、教师应用研究能力、信息化能力、国际交流合作能力"，在培养路径上以"新商科人才培养模式改革"为突破，从而优化改造高职新商科教育生态，融合式培养"高素质创新型新商科技术技能人才"。

二、新商科人才"区校一体"培养的需求侧分析

无锡科技职业学院"区校一体"发展模式核心是为无锡高新区提供新商科高技能人才，因此，分析无锡高新区新商科人才需求，是新商科人才培养的理论逻辑起点、行动逻辑起点，其必要性与重要性不言而喻。具体而言，无锡高新区新商科人才具有以下几个方面需求。

（一）新质生产力形成需要新商科人才

新质生产力作为创新起主导作用的先进生产力质态，具有高科技、高效能、高质量特征，符合新发展理念。这种生产力的转变将深刻地影响商科相关企业，尤其是在人才需求方面，更倾向选择具有以下能力的优秀人才。

一是具备科技创新能力商科人才。新质生产力强调科技创新的核心地位，因此，从事商贸服务的相关企业将需要更多具备科技创新能力的人才。这些人才需要有相关的科技认知，还需要具备将科技应用于商业实践的能力，如数据分析、人工智能、云计算等领域的相关专业人才。

二是具备跨领域技能融合能力商科人才。新质生产力的产生涉及技术革命性突破、生产要素创新性配置、产业深度转型升级等多个方面，因此，商科相关企业将需要更多具备跨领域知识和技能的复合型人才。在第二、第三产业都加快转型升级过程中，作为前端服务的商科企业们也需要对各行业增多了解，深入挖掘可服务的需求点，而完成这项任务的人才是商科企业运营的关键，也是今后企业需求的重点关注指标。这些人才需要掌握多个领域的知识，如技术、市场、管理、法律等，并能够将这些知识综合运用于实际工作中。

三是具备持续学习能力商科人才。新质生产力的快速发展要求商科相关企业的员工具备持续学习的能力。员工需要不断学习新知识、新技能，以适应不断变化的市场需求和商业环境。商科相关企业将更加注重员工的培训和发展，提供更多的学习机会和资源。

（二）数字经济时代对新商科人才的需求

数字经济时代对人才的能力需求主要包括数字化战略、数字化运营、数字化应用和数字化创新4种能力。数字化战略能力包含以数据为支撑的洞察决策能力、统筹规划能力、行业前瞻能力；数字化运营能力包含基于数据的灵活管控能力、敏捷执行及反应能力、概念的提取及构架能力、逻辑清晰的思维能力；数字应用能力要求熟练使用现代化的数字技术，能够根据目标选用并更新技术，能够自如应对复杂的局面和突发事件；数字创新能力包含宽泛的眼光及胸怀、丰富的知识积淀、对新知识和新理念的吸收能力、极强的防干预和突破思维。

近年来，教育部提出全面建设新工科、新医科、新农科、新文科的"四新"战略布局。新商科是新文科的重要组成部分，即在新文科理念下开展经济管理类教育，它将大数据、人工智能、云计算等新一代信息技术融入传统商科，并对其进行学科交叉融合，用新理念、新模式、新方法为当代商科学生提供综合性的跨学科教育。数字经济时代新商科的人才需求与数字经济时代的特征及其对综合人才的需求一脉相承，主要体现在4个方面，如表6-1所示。

表6-1 　　　　　　　　　　数字经济时代新商科人才需求

需求	需求说明
具有新思维	数字经济时代的战略思维、设计思维 （连接、协同、价值逻辑和国际视野）
掌握新规则	数字经济时代的商业模式、商业规则 （传统商业模式及规则、创新变革）
理解新知识	数字经济时代的管理理论、管理方法 （专业的经济管理科学知识、拓展的大数据及人工智能等跨学科知识）
具备新技术	数字经济时代的现代化工具及技能 （数据分析、顶测及可视化，相关软件应用）

总体而言，数字经济时代新商科人才需要具有新思维、掌握新规则、理解新知识和具备新技术的复合型特征，与现有商科专业群的建设颇有出入。因此，需要重新定位人才培养细则，将新的能力需求细化成模块单

元，并与共生理论相融合，提出可持续发展的数字时代新商科课程体系建设模式。

（三）新商科专业群与高新区产业无缝对接的需求

无锡高新区依托雄厚的制造业基础和交通枢纽优势，紧抓苏南硕放国际机场打造区域性枢纽机场契机，发挥枢纽经济策源中心优势，对接"一带一路"、长三角一体化等国家战略，大力发展航空物流、电商物流、智慧物流、跨境电商，重点打造高端产业供应链组织中心、国际航空货运集散中心、华东地区快递集散中心和跨境电商物流产业集群。"三中心一集群"促使传统流通服务业和"数字技术"融合创新，在供应链的商流、物流、信息流、资金流"四流"领域衍生出"智慧物流""跨境电商""大数据应用""现代会计"等供应链集成服务新业态，产生了物流供应链管理、电子商务运营、商务数据分析、流通成本管控等核心岗位群。

近年来，无锡高新区坚守"发展高科技，实现产业化"的初心使命，持续推进改革创新，着力集聚创新资源，提升企业技术创新能力，综合实力不断提升，高端制造、新兴产业和现代服务业融合并进，成为长三角重要的新兴产业策源地、科教资源聚集地、科创生态样板地。

无锡科院新商科专业群对接高新区高端商贸及临空服务两大服务业，根据无锡市高新区产业发展需要开设相应专业，形成专业群与产业无缝对接。

（四）新商科专业群各专业跨界有效整合的需求

新商科专业群由现代物流管理、电子商务、跨境电子商务、商务数据分析与应用、大数据与会计专业组成，五个专业都有着丰厚的历史积淀和整合基础，经过专业群论证。本专业群对接无锡高新区"三中心一集群"，在"以商流为先导、以物流为核心、以信息流为支撑、以资金流为保障"的供应链集成服务领域，四流互融共生，形成互为依存的生态圈。现代物流管理专业面向供应链集成服务领域，提供对采购供应、智慧仓储、运输配送、订单处理等物品流动全过程的管理服务，电子商务、跨境电子商务专业提供市场调查、网络营销、电商运营、客户服务等商务服务，商务数据分析与应用专业提供数据采集、数据分析、数据化运营、数据化管理服务，大数据与会计专业提供智能财税、资金结算、预算编制、成本管控等服务，在供应链集成服务产业链上的职业岗位高度关联，为我们构建以现代物流管理为核心的专业群提供了组群逻辑依据，即以电子商务、跨境电子商务专业为先导、现代物流管理专业为核心、商务数据、大数据与会计专业为支撑的"一先一核两支撑"现代物流管理专业群，各专业在人才培养过程中，实现课程资源、师资、实训基地、合作企业等方面的共建共用、优势互补和资源共享。如图 6 - 1 所示。

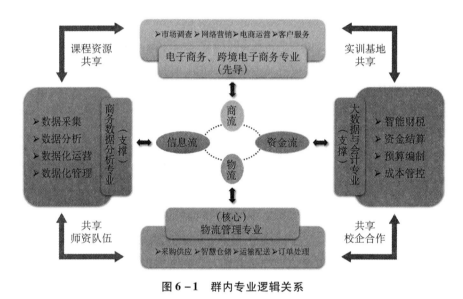

图 6 - 1　群内专业逻辑关系

第二节　新商科人才区域供需协调分析

世界经济发展进程证明，高质量的人才供给对于单个行业的发展具有决定性影响，意义重大。国际比较视角来看，各国高质量的人才供给能持续推动行业创新，通过不断创新优化产品和服务，提升行业整体效能，提高各国在世界产业链中的行业地位；企业发展微观视角来看，高质量的人才供给可以确保企业在快速变化的市场环境中具备敏捷的应变能力，提升企业在市场竞争中保持相对领先地位；人才成长个体视角来看，高质量的人才可以积累丰富的行业知识与经验等隐性知识，通过多渠道的知识分享与传承，可以推动新进入该行业的人才快速成长，为行业的未来发展奠定坚实基础，形成良性的人才成长内循环。因此，各级政府、学校、企业和社会各界应共同努力，加大人才培养和引进力度，为行业发展提供坚实的人才保障。

当前，新技术、新商务模式的快速发展、应用与变化，市场不断催生新岗位，岗位的人才亦随之变化。诸如直播带货等行业岗位增设了类似"AI直播人管理"等新的岗位，原先的"直播"岗位、"数据运营"等岗位人员的要求不断发生新变化，新的技能要求层出不穷，这对高职院校新商科人才的培养提出了新挑战。

基于此，本节以无锡为例，通过分析无锡属地高职院校新商科人才培养成效，辨析高职院校人才供给与区域人才需求之间的关系，进而为后续研究奠定扎实的理论基础。

一、新商科人才供给与市场需求的协调性评价模型构建

学者研究表明，人才供给与市场需求的协调性模型构建，需将专业教育与产业发展架构成两个具有互动关系的并列系统（邹鑫，2023）。因此，构建新商科人才供给与市场需求的协调性模型，关键是将商科专业职业教育与产业经济发展视为两个存在协同关系的子系统，进而通过复合系统的有序度测量分析两者之间的协调适配度。在现有研究基础上，本书围绕商科专业职业教育与产业经济发展的内涵，结合区域的实际状况，遵循数据选取的科学性、动态性、可比性和可获取性等原则，结合新商科专业职业教育与产业经济发展两个子系统数据的可获取性，选择规模和质量两大维度构建指标体系（加文献引注）。新商科人才供给规模选择专业数量、毕业生人数、在校生人数为二级指标；人才培养质量选择师生比、专业建设经费、产学研合作项目书为二级指标。产业端围绕电商产业发展需求，选择电商行业产值、行业GDP增长率、人均网购消费支出为规模的二级指标；选择电商产值占第三产业GDP比例、就业岗位数、电商企业数为质量的二级指标。

（一）构建评价指标体系

AI技术、智能技术的发展，传统的商业模式呈现颠覆式变化，商业模式

更新迭代对诸多行业形成新的商业模式冲击，劳动力市场对新商科人才需求呈逐年上升趋势。从数据可获取性来看，选择与商科人才就业的核心行业是本研究评价模型构建的基础。结合当今商科人才在劳动力市场的需求规模，电子商务行业是主要的人才流向地，选择电子商务行业作为模型产业经济系统端的行业指标研究对象。从研究目标来看，为更好评价区域新商科人才培养与区域电子商务行业的协同性，需确定区域劳动力市场新商科供给情况。基于此，本书构建了新商科职业教育—电子商务行业综合评价指标体系，如表 6-2 所示。

表 6-2 指标评价体系

系统	层次	指标	单位	指标类型
职业教育	规模	专业数量	个	正向
		毕业人数	人	正向
		在校生人数	人	正向
	质量	师生比	%	正向
		商科专业建设经费	万元	正向
		产学研合作项目数	个	正向
电商产业	规模	电商行业产值	万元	正向
		行业 GDP 增长率	%	正向
		人均网购消费支出	元	正向
	质量	电商产值占第三产业 DGP 比例	%	正向
		就业岗位数	个	正向
		电商企业数	个	正向

(二) 确定指标权重

熵权法是一种客观赋权方法，根据各项指标数据信息含量的大小来确定权重，数据提供的信息量越大，则不确定性就越小，熵值也就越小。为更好地进行纵向比较，本书在熵权法中加入时间变量 t。假设有 t 个年份、m 个被评价对象、n 个评价指标，则 $X_{\theta ij}$ 代表第 θ 年 i 省份的第 j 项评价指标数值，对正向指标可通过公式 $X'_{\theta ij} = \dfrac{X_{\theta ij} - X_{jmin}}{X_{jmax} - X_{jmin}} + A$（$A$ 取值 0.0001），对负向

指标可通过公式 $X'_{\theta ij} = \dfrac{X_{jmax} - X_{\theta ij}}{X_{jmax} - X_{jmin}} + A$（A 取值 0.0001）进行标准化处理，其中 A 为一个非负平移。接着计算对应熵值：$e_j = -k \sum_{\theta} \sum_{i} \dfrac{X'_{\theta ij}}{\sum_{\theta} \sum_{i} X''_{\theta ij}} \ln$

$\left(\dfrac{X'_{\theta ij}}{\sum_{\theta} \sum_{i} X''_{\theta ij}} \right), k > 0, k = \dfrac{1}{t \times n}$，且 $0 \leqslant e_j \leqslant 1$，则指标权重为 $w_j = \dfrac{1 - e_j}{\sum_{j}(1 - e_j)}$，

得到指标最终综合评分为 $U_{\theta ij} = \sum_{j} w_j X''_{\theta ij}$。

（三）耦合协调度模型

耦合度指两个或两个以上系统之间的相互作用影响程度，通过量化系统间协调发展的动态关联性反映两者或多者的相互依赖、相互制约程度。本书采用耦合协调度模型分析高职教育与区域产业经济的协调发展水平。设多个系统发展水平的函数分别为 U_1、U_2、$\cdots$、U_n，则 n 个系统的耦合度函数 C_n 为：

$$C_n = \sqrt[n]{\dfrac{U_1 \times U_2 \times \cdots \times U_n}{\left[(U_1 + U_2 + \cdots + U_n)/n \right]^n}}$$

综合评价得分指数 T_n 计算公式为：

$$T_n = \alpha_1 U_1 + \alpha_2 U_2 + \cdots + \alpha_n U_n$$

其中，α_1，α_2，$\cdots$，α_n 为待定系数，表示各系统在综合评价得分中所占权重，且 $\alpha_1 + \alpha_2 + \cdots + \alpha_n = 1$。

耦合协调度 R_n 计算公式为：

$$R_n = \sqrt{C_n \times T_n}$$

耦合协调度 R 值越大，代表协同效果越好；反之，越小代表协同效果越差。当 $R \in (0, 0.2]$ 属于严重失调；当 $R \in (0.2, 0.4]$ 属于中度失调；当 $R \in (0.4, 0.6]$ 属于初步协调；当 $R \in (0.6, 0.8]$ 属于中度协调；当 $R \in (0.8, 1.0]$ 属于高度协调。

（四）灰色关联度模型

灰色关联度模型是一种多变量分析方法，用于研究不同因素之间的相关

性和相关关系，被广泛用于工程、管理、决策分析等领域。灰色关联度模型的基本思想是通过比较各个因素在不同情况下的发展变化趋势，来量化因素之间的相互关联程度。假设有 t 个年份、n 个评价指标，$X_{\theta j}$ 为 θ 年第 j 项评价指标数值，灰色关联系数计算步骤如下：

第一，标准化处理与序列确定。确定反映系统行为特征的参考序列 $\widehat{X}_{\theta 0}$ 和影响系统行为的比较序列 $X_{\theta j}$。正向指标公式为 $X'_{\theta j} = \dfrac{X_{\theta j} - X_{jmin}}{X_{jmax} - X_{jmin}}$，$\theta = 1，2，\cdots，$

$t，j = 1，2，\cdots，n$；逆向指标公式为 $X'_{\theta ij} = \dfrac{X_{jmax} - X_{\theta ij}}{X_{jmax} - X_{jmin}}$，$\theta = 1，2，\cdots，t，m，$

$j = 1，2，\cdots，n$；

第二，计算差序列 $\Delta_{\theta j} = \left| X'_{\theta j} - \widehat{X}'_{\theta j} \right|$，最大差 $\Delta_{max} = \max\limits_{\theta} \max\limits_{j} \Delta_{\theta j}$，最小差 $\Delta_{min} = \min\limits_{\theta} \min\limits_{j} \Delta_{\theta j}$；

第三，计算关联系数 $\xi_{\theta j} = \dfrac{\Delta_{min} + \rho \Delta_{max}}{\Delta_{\theta j} + \rho \Delta_{max}}$，关联度为 $\gamma_j = \dfrac{1}{t} \sum\limits_{\theta=1}^{t} \xi_{\theta j}$；

第四，按关联度 γ_j 大小排序，区别关联程度的大小。γ_j 值越大，则关联影响程度越大，反之，则关联影响越小。通常认为，$0 \leqslant \gamma_j \leqslant 0.35$ 为弱关联；$0.35 < \gamma_j \leqslant 0.65$ 为中等关联，$0.65 < \gamma_j \leqslant 0.85$ 为较强关联，$0.85 < \gamma_j \leqslant 1$ 为极强关联。

二、无锡区域新商科人才供给与市场需求的协调性评价分析

(一) 研究对象选择

近年来，江苏无锡发挥区位优势，紧抓长三角一体化发展、数字贸易发展的战略机遇，结合早期区域电子商务发展基础，因地制宜制定若干推动区域电子商务产业高质量的系列产业政策，多点发力打造"跨境电商 + 产业带"模式，电子商务行业产值逐年倍增，产业集聚效应显著，并在跨境电商领域探索出一条无锡特色之路，成长为长三角地区外贸高质量发展领跑者。选择江苏无锡为目标区域市场，就必须重点关注区域内职业院校新商科人才培养情况。无锡地区目前共有 10 所高职院校开展商科类人才培养工作，具体院校情况如表 6 - 3 所示。

表 6 - 3　　　　　　　　无锡高职院校商科专业开设情况　　　　　单位：人

序号	职业院校名称	商科类专业情况	在校生人数
1	无锡职业技术学院	工商企业管理、市场营销、电子商务、现代物流管理、跨境电子商务、金融服务与管理、大数据与财务管理、大数据与会计	2 469
2	无锡商业职业技术学院	市场营销、电子商务、金融服务与管理、国际经济与贸易、跨境电子商务、连锁经营与管理、大数据与审计、大数据与会计、商务数据分析与应用、工商企业管理、现代物流管理、大数据与财务管理	4 623
3	无锡科技职业学院	电子商务、跨境电子商务、商务数据分析与应用、大数据与会计、现代物流管理	2 106
4	无锡城市职业学院	财富管理、国际经济与贸易、市场营销、大数据与会计、电子商务、会计信息管理、金融服务与管理、现代物流管理、大数据与审计、国际金融	3 268
5	江苏信息职业技术学院	大数据与财务管理、市场营销、现代物流管理、金融服务与管理、国际经济与贸易、电子商务、大数据与会计	1 869
6	江阴职业技术学院	国际经济与贸易、大数据与会计、现代物流管理、电子商务、大数据与财务管理、市场营销	927
7	无锡工艺职业技术学院	国际经济与贸易、会计信息管理、大数据与财务管理、市场营销、电子商务	796
8	太湖创意职业技术学院	国际经济与贸易、大数据与会计、现代物流管理、电子商务、保险实务、网络营销与直播电商、市场营销、证券实务	732
9	无锡南洋职业技术学院	电子商务、金融服务与管理、国际商务、市场营销、大数据与会计	685
10	江南影视艺术职业学院	网络营销与直播电商、大数据与会计、航空物流管理	368

（二）数据来源

根据数据可获得性，笔者查阅大量无锡市政府公开信息，调研走访无锡区域内各高职院校和地方各级商务工作管理部门；面板数据主要来源于 2018 ~ 2022 年中国城市统计年鉴、中国城市教育统计年鉴和无锡统计年鉴等。

（三）结果分析

基于前面构建的新商科人才供给与市场需求的协调性评价模型，输入各类指标数据，经过熵权法赋值过程和耦合协调度模型计算，无锡地区高职院校商科专业教育与电子商务产业耦合协调度如表6-4所示。

表6-4   教育—产业系统耦合协调度

年份	教育	产业	耦合协调度	协同程度
2018	0.2432	0.1703	0.8369	高度协调
2019	0.1595	0.1490	0.8062	高度协调
2020	0.1438	0.1565	0.7145	中度协调
2021	0.1459	0.2270	0.6080	中度协调
2022	0.0980	0.1980	0.6594	中度协调

由表6-4可知，2018～2022年无锡地区职业教育与产业发展的耦合协调度均值为0.725，属于中度协调。综合而言，无锡地区商科专业教育与所处电商行业之间的相互影响和关联程度较高。商科专业职业教育和产业经济发展的子系统耦合协调度均值分别为0.1731和0.1757，表明无锡地区商科类专业职业教育与电商产业经济发展基本相协调，无锡高职院校新商科人才培养对地方电子商务产业的发展起到一定的支撑作用。

从时间维度上看，2018～2019年教育与产业耦合协调度呈现出较为迅猛的增长，协同程度逐年拉升，这表明商科专业教学与行业经济发展正在逐步协同，两者发展步调趋于一致。

而近三年协调性增速放缓，逐渐显现出疲态，呈现下降趋势，这也提示我们在新形势、新业态下职业教育应该响应行业的升级转型变化，实时跟进企业人才需求紧密贴近行业发展，改革实践教学内容与教学形式。

第三节　新商科人才培养面临的挑战

根据上节无锡区域高职院校新商科人才供给与无锡区域电子商务产业协

调性分析结论，在无锡高新区新商科人才需求分析基础上，本节重点讨论高职院校在新商科人才、专业建设上面临的问题与挑战。

一、培养的学生与企业需求不匹配

教育与产业密不可分，也与未来紧密相关。随着数字经济的到来，企业都在进行数字化转型升级，出现了学校人才培养的工作跟不上时代的要求，培养的学生与高新区企业需求不匹配的问题。

面对数字经济下的商业变革，学校所教授的理论和实践的内容还没有更新，还是以工业时代所形成的理论和方法为主，学生还不了解或零星了解在数字时代出现的新内容。例如：区块链、数字孪生和元宇宙等一些新的术语及相关内涵；平台经济、宅经济和共享经济等新的商业模式；数字经济、智能经济和生物经济等新业态；新电商、新零售、新旅游、新住宿和新餐饮等新消费形态。

新一代信息技术的发展促进了商业环境发生了巨变，部分高职院校的人才培养思维还没有转变，较多实训室的内容还建在校内，缺乏对新一代信息技术进行改造，导致学生缺乏运用新技术手段处理商业业务的意识和能力，无法适应新的商业环境与数字经济技术对商务活动的冲击。

伴随着数字经济的发展，商业活动出现了极大的变化，变得越来越精细，例如大数据精准营销、跨境电子商务和直播带货等的使用。目前，学校使用的实训平台还是传统商务模式下的运营方式，使得学生缺乏新模式下的商业活动处理和组织能力，不会解决在新的商业环境下，数字经济技术对商业活动冲击而导致的问题。

二、新商科专业群内部关联性与支撑性不足

当前，以跨境电子商务为核心的多渠道营销以及商业服务成为无锡高新区商业发展的一大趋势，未来随着国际环境和市场变化，以及国内跨境电商产业迅速发展，"一带一路"跨境电商产业园内企业在内的卖家逐渐向多平台打开市场，TikTok、独立站等渠道越来越受到国内卖家的重视。新科技将成为未来零售业信息化的热点。

新零售业成为当前经济发展的新风口，其将传统商业与网络平台、现代物流大数据等技术融合，进一步扩大了商业营销规模，提高了经济效益。高新区，借助智能技术重新构建人、货、场，拉动创业就业新动能。在这一背景下，打造特色高水平新商科专业群就需要将传统商业与现代计算机、物流管理等专业有机融合起来，以该专业群培养出跨学科的新商科人才。

高职院校在建设新商科专业群过程中没有进行科学论证，顶层设计不够合理，导致专业群只是专业与专业之间的简单相加，专业群内部的关联性与支撑性不足，长此以往便会自动瓦解，难以发挥出优势。

三、新商科专业群资源分配不均

高职院校特色高水平专业群建设往往需要跨专业、跨领域，在传统的校、院二级层级管理结构下，高职院校通常以院建群，很容易出现因各个专业之间关联性较差影响内部教学资源分配。一些发展差的专业，很容易被边缘化，其教学资源配置只能依附于专业群中的骨干专业。例如，在电子商务、跨境电子商务、商务数据分析与应用的专业群中，学校更倾向于增加电子商务专业以及商学院的物质资源投入与经费资源投入，商务数据分析与应用的经费投入较少，导致该专业软件与硬件设施滞后。

四、新商科专业群教学团队实践能力不足

新商科专业群教学团队的成员需要各有所长、才技互补、分工明确、相互配合，如此才可以彰显专业群特色，建设高水平的新商科专业群。但目前许多高职院校的教师习惯于学科知识体系专业教学模式，在教学中也更为关注学生专业技能的培养，在教学设计、教学目标上忽视了学生跨专业学习能力以及知识迁移能力的培养，教学理念难以适应专业群的教学要求。而且在跨专业的专业群内部各个教师专业能力以及科研能力有着较大的差异，科研能力与科研成果，社会认可度较低，制约了专业群建设目标的实现。

数字经济时代，大数据、人工智能、共享经济的发展，商贸服务行业进入转型升级的新时代，随着传统商业向数字商业的转型，传统商科也正向新商科转型，对职业教育的发展也产生了深远影响。高职院校新商科专业课程

也要作出及时应对，以跟上时代的变革和发展。但从现实来看，高职院校新商科专业群课程体系普遍滞后于社会经济发展需求，难以培养出更适应社会经济发展需要的新商科人才。从培养匹配数字经济发展的人才需求出发，新商科课程体系转变中存在困难，在新形势下应构建更先进的新商科专业课程体系，找到更为满足新时代新商科专业群的课程体系构建最优路径。

第七章　聚力专业群建设：新商科人才"区校一体"培养的关键

　　2019 年 4 月，教育部等印发的《关于实施中国特色高水平高职学校和专业建设计划的意见》明确提出，重点发展一批高水平高职学校和高水平专业群。无锡高新区依托雄厚的制造业基础和交通枢纽优势，紧抓苏南硕放国际机场打造区域性枢纽机场契机，发挥枢纽经济资源中心优势，对接"一带一路"倡议和长三角一体化等国家战略，大力发展航空物流、智慧物流和跨境电商，重点打造高端产业供应链组织中心和跨境电商物流产业集群等，促使传统流通服务业和"数字技术"融合创新，在供应链的商流、物流、信息流、资金流"四流"领域衍生出"智慧物流""跨境电商""大数据应用""现代会计"等供应链集成服务新业态，产生了物流供应链管理、跨境电子商务运营、商务数据分析、流通成本管控和短视频引流等核心岗位群。

　　在此背景下，无锡科院充分发挥区校一体的办学特色与优势，将电子商务、跨境电子商务、商务数据分析与应用、大数据与会计和现代物流管理专业重组整合成新商科专业群，作为联系高新区现代服务产业与职业教育的关键纽带，推进无锡市高新区职业教育高质量发展。

　　本章以无锡科院"区校一体"新商科人才培养实践为例，从专业群岗位能力模型重建、培养目标重定、培养规格重构、课程体系重设、师资队伍重组、实训体系重架和第二课堂重塑等方面展开具体分析，有效推动区内企业把培养环节前移，发挥项目联结作用，实现新商科产业链、创新链、教育链和人才链紧密衔接，提出了从顶层设计到质量兜底的一整套具体举措，使得学校新商科人才培养水平有了质的提升，学生思想有高度、能力有厚度、成效有广度。

第一节　搭建专业群岗位能力模型

技术革命与人媒共生体新阶段的来临，促使地方高职院校职业教育刷新固有的思维定式，重建专业群职业能力系统。面对更加复杂的国际环境，面对我国全面建设社会主义现代化国家的新目标，无锡高新区沿着国家产业发展大趋势，寻找产业突破的新方向，主动承担起产业转型升级的历史重任，选择与自身优势产业结构相契合的技术，培育相关的高技术产业和新兴产业，对高素质应用型技术人才岗位能力提出了强烈需求，成为学校职业教育发展的新动力。

一、建立目标：契合高新区发展新要求

无锡科院作为江苏省内第一所由国家级高新区举办的高职院校，始终践行"聚焦高质量，服务高新区；聚焦高水平，服务学生成长成人"的价值追求，培养上手快、用得上、留得下、干得好的高技能人才。学校周边有3 000家企业。其中1 500家为外资企业，53家进入世界500强，125家为工厂总部。

学校新商科专业群通过"整合"和"重建"，实现无锡市新吴区产业链与教育链的充分对接，进一步契合高新区产业转型升级与高质量发展，进一步明确学校"服务新区办公室"和"高新区高职教育研究院"职能，形成"理实一体"的工作新机制。

一是对应性与动态性。学校教育与高新区产业发展紧密结合，新商科专业群与现代服务产业集群之间具有对应性与动态性。对应性表现在新商科专业群来源于现代服务业产业集群，并服务于该产业链，当产业转型和提档升级时，新商科专业群结构同步动态调整，保持与产业集群的动态适应。

二是职业性与教育性。专业群是面向相同的职业岗位群组建的，新商科专业群的职业性决定了其根本任务是服务学生的职业生涯发展。教育性是专业群的核心功能，即以学生为中心，以学生职业发展为导向，创新人才培养模式，为高新区现代服务业培养高素质技术技能人才。

三是独立性与协同性。根据新商科专业群明确的服务面向和人才培养定位，确定群内各专业的人才培养单元，各专业特定的人才培养目标和方向相对独立又相互协同。新商科专业群内每个专业都能够体现学生的职业能力发展路径，专业之间相互融合，优势互补，协同发展，共享师资、课程和实训基地等教学资源，系统实施群内各专业对应岗位之间胜任能力的综合培养。

二、建立逻辑：符合高新区行业新需求

无锡高新区提出构建"6+2+X"现代产业体系，即物联网及数字产业、集成电路、生物医药、智能装备、汽车零部件和新能源为核心的六大先进制造业集群；高端软件及数字创意、高端商贸及临空服务两大现代服务业；以及人工智能产业、氢燃料电池产业、第三代半导体产业等未来产业，加快数智赋能，推进企业智能化改造，推进数字化转型，推动新一代信息技术加速向制造业各领域融合渗透。

在此背景下，学校将新商科专业群岗位能力分为产业链岗位能力、共同基础岗位能力和核心专业岗位能力三种。首先，围绕现代服务产业的结构、空间以及链条发展情况解析岗位能力，并按照产业调整与升级持续优化。其次，专业群群内各专业具有相同的商务基础，相对应就有基础商务能力，利于职业能力整合和共享。最后，充分发挥电子商务核心专业辐射带动作用，剖析电子商务专业职业能力，群内其他专业岗位能力协同培养。

三、建立步骤：厘清高新区产业与专业群关系

通过聘请拥有深厚产业背景的新商科专业群带头人，推进专业群专家委员会成立，并组建产业研究团队，研究高新区现代服务业发展规划，通过深入调研，形成完整的区域产业调研报告，使专业群建设真正融入高新区产业发展。

（一）梳理高新区十四五发展规划

新时代人才培养的目标就是促进新技术、新材料和新工艺的应用，推动产业向中高端化、专业化和差异化方向发展。新商科专业群专家委员会与来自新吴区不同企业的兼职教师，通过"头脑风暴法"认真梳理无锡市高新区政府工作报告和"十四五"发展规划，对拟设专业群的必要性和可行性进行论证。以高新区现代服务产业需求为导向，细分对应的典型工作岗位职业能力，确定新商科专业群人才培养以适应高新区市场为导向，聚焦高新区发展急需紧缺专业群——现代服务业产业集群，打造具备就业竞争力的特色专业群，提升人才培养方案优化质量。

（二）调研"区校一体"新商科专业群

教育部印发《职业教育专业目录（2021 年)》中，高职商科类专业属于财经商贸大类，主要包括财政税务类、金融类、财务会计类、统计类、经济贸易类、工商管理类、市场营销类、电子商务类和物流类 9 个小类，合计 49 个专业，如表 7 - 1 中所示，以大数据命名的专业有 5 个，其他专业名称大部分没有修改，但提出了要求：适应数字化转型、产业基础高级化趋势，从专业名称到内涵全面进行数字化改造。

表 7 - 1　　职业教育专业目录（2021 年）财经商贸大类专业统计

序号	专业类	下设专业个数	新技术更名专业（与 2015 年比较）
1	财政税务	3	财税大数据应用
2	金融	8	金融科技应用
3	财务会计	4	大数据与财务管理、大数据与会计、大数据与审计
4	统计	3	统计与大数据分析
5	经济贸易	5	无
6	工商管理	5	无
7	市场营销	5	无
8	电子商务	6	网络营销与直播电商
9	物流	10	智能物流技术、现代物流管理

通过对全国部分高新区的 15 所高职院校新商科专业群样本深入调研，

结合无锡市高新区现代服务业发展现状，无锡科院基于"区校一体"的新商科专业群遵循新商业规律，依托大数据和人工智能等新技术，将新技术和新智能等手段应用于商科教育，在师资、技术、设备和场地等方面互融互通、共建共享，把专业、教学与行业和产业密切结合，相互融合促进，形成集人才培养、科学研究和科技服务为一体的专业群。

（三）构建清晰的专业群逻辑深度

基于"区校一体"新商科专业群作为一种体现校企双主体办学、跨学科跨专业的新型教学组织，不是在传统的二级学院内部对专业进行重新划分，而是在对高新区产业链进行充分分析基础上，选择主打专业——电子商务作为专业群的核心专业，通过对专业群进行重构，使人才培养由原来的单一技能转变为复合技能，教学组织不再是围绕单一专业建设，而是以新商科专业群作为建设主体，服务于现代服务业。

四、建立标准：构建专业群岗位能力等级模型

新商科专业群根据各专业对应岗位能力，划分了岗位层次结构，提出了岗位从业能力和等级划分标准，依据岗位学习路径图方法，解析了新商科专业群岗位技能要求与获取方式的关系，建立了基于"岗内分层，岗间分序"的新商科专业群岗位能力等级模型。

一般来说，一个专业相对应的核心职业岗位不超过6个，过多后较难对岗位进行适应性分段和岗位难易梯度分层。以下以新商科专业群核心专业——电子商务专业为例，展开岗位能力等级模型建立分析。通过无锡高新区电子商务企业岗位调研分析，选择概括性强的、通用的岗位名称，确定了区内各类企业电子商务主要岗位有运营、市场、客服、仓储、技术和美工六大类80%企业都拥有的岗位展开具体分析，如图7-1所示。

（一）电子商务岗位能力设置

岗位能力，包括通用管理能力和专业能力，是技能矩阵的一个维度。专业能力包括通用专业能力和特定专业能力。其中，通用专业能力是基于某一业务部门的工作任务，是每位部门员工都具备的基本专业能力，根据

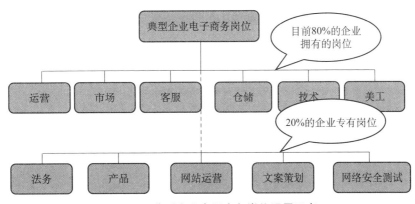

图 7 - 1　典型企业电子商务岗位设置示意

角色不同，对精通程度要求不同；特定专业能力是针对岗位来设定的，是胜任岗位工作所需的特定技能。如图 7 - 2 所示，即为电子商务部的岗位能力分类。

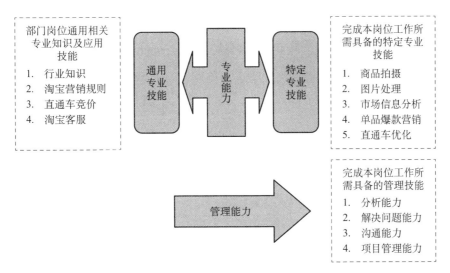

图 7 - 2　电子商务部门的岗位能力分类

（二）电子商务岗位技能层次定义

岗位技能分析是专业群建设的重要环节，是构建专业课程体系、开发课程内容的主要依据，能力水平高低的定义是能力矩阵的一个维度，电子商务专业岗位技能等级 L1 ~ L4 定义如图 7 - 3 所示。

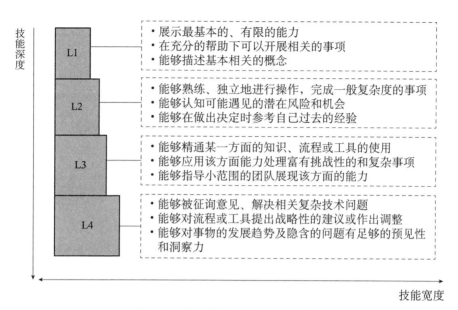

图7-3 岗位技能层次 L1~L4 定义

(三) 典型企业电子商务岗位梳理

通过典型企业电子商务岗位筛选和梳理，确定了运营、客服、市场、技术、美工和仓储六类电子商务岗位，每类岗位又可以细分为多个明细岗位，具体如图7-4所示。

图7-4 电子商务企业岗位群分布

(四) 典型企业电子商务岗位发展路径

围绕学习发展路径，在岗位分析基础上，获取技能方式。技能方式包括理论课程和实践课程。通过科学地设置人才培养方式，针对不同技能要求，从岗位着手为课程体系规划作设计，为课程体系开发提供了依据。能力和岗位的匹配，岗位能力等级模型图具体如图 7 - 5 所示。

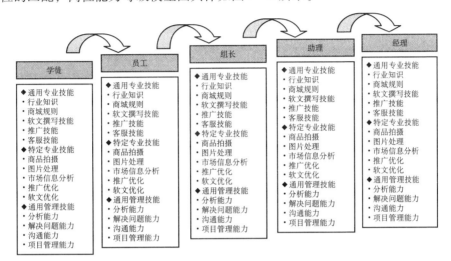

图 7 - 5　电子商务岗位能力等级模型

（五）电子商务专业岗位发展年限

针对电子商务专业岗位的不同，设置不同的专业序列和管理序列，并按照高职院校学生职业生涯规划发展路径，确立了一般发展年限，具体如表 7 - 2 所示。

表 7 - 2　　　　　　　　电子商务专业职业生涯发展路径

专业群岗位	专业序列	管理序列	一般发展年限（年）
岗位	专员		1 ~ 2
	中级专员		3 ~ 4
	高级专员		5 ~ 6
		副经理	7 ~ 10
		经理	10 ~ 12
		总监	13 ~ 18

基于"岗内分层，岗间分序"的电子商务岗位能力等级模型构建是基于岗位的特征而构建的，较好地体现了职业特征，而基于岗位主导下的分层和分序最吻合职业教育的特性，突出了职业教育的特性，很好地实现了专业群

课程内容的有序衔接。其中，岗位的层次性和序列性，不仅突出"技能"，还突出"技术"。总之，新商科专业群岗位能力按照各专业典型岗位进行岗位能力等级分层分序，较好地满足了群内各专业通用岗位能力和特定岗位能力的设定，最终从岗位所需的知识、技能、工具、方法、要求等方面完成岗位工作任务需具备的核心职业能力要求，促使专业群建设更加落地、更贴合高新区企业实际，为专业群建设指明了方向。

第二节　明确专业群技术技能人才培养目标

作为长三角经济重镇，无锡一直坚持把现代服务业作为经济转型发展的新动能，积极探索高质量发展新模式。无锡科院新商科专业群以适应无锡高新区现代服务业数字化升级新业态为目标，以电子商务专业为核心，跨境电子商务专业为重点，商务数据分析与应用专业、现代物流管理和大数据与会计专业为支撑，把握新商科前沿新业态，融入行业热点如电商直播、人工智能和数字经济等新模式新技术应用，将培养电商运营等综合性岗位新人才作为重点突破方向，助力无锡高新区实现产业链与创新链的互相依存和协同联动。如图7-6所示。

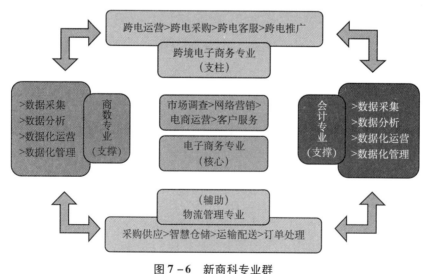

图7-6　新商科专业群

一、架构政行企校协同联动人才培养生态体系

专业群依托由无锡科院牵头成立的"中国（无锡）跨境电商综试区人才培养产教联盟"，以电子商务专业为主体、市场为导向、政府为支撑、行业协会为辅助这四个着力点深度融合，紧紧围绕无锡现代服务业规划趋势，进行相关的课程改革、资源建设、技能实训和创新创业等建设，打造集产、学、研、转、创、用于一体的人才培养生态体系，实现以教促产、以产助教、产教融合和产学合作，促进教育链、人才链、产业链与创新链深度融合与有机衔接。

（一）政校协同引领无锡跨境电商行业发展

新商科专业群与市商务局、区政府展开多项政校合作，组织 10 余名专任教师赴相关部门进行挂职实践，参与跨境电商政策法规起草制定，连续三年承办无锡市跨境电商创新创业大赛，举办四期无锡市国际商务人才培训，承办了 2 届无锡市大学生跨境电商创新创业竞赛，连续 2 年协办支持长三角跨境电商行业峰会及交易会，获得无锡市商务局平台资金 50 万元，无锡市人社局培训项目资金 30 万元。

（二）行校协同共建无锡跨境电商健康生态

学院先后作为无锡市跨境电商协会秘书长单位、理事单位、中国（无锡）跨境电商综合试验区人才培养产教联盟理事长单位，无锡市跨境电商中小企业商会、无锡市跨境电商网商会会员单位，与商协会内 200 多家跨境电商企业成员单位友好合作，开展员工培训、专题讲座和各类沙龙活动，培养的学生优先到各会员单位实习和就业。

（三）企校协同精准对接无锡跨境电商就业渠道

与跨境电商平台企业（阿里国际站、Shopee 等）以及无锡跨境电商龙头企业如无锡易然科技有限公司等 30 余家跨境电商企业进行长期深度产学研合作，重点突破方向为跨境电商运营、跨境电商直播和跨境数据分析应用等岗位前沿技能的教学，进行校企联合的课程开发、岗位培训，实现"招生即

招工、上课即上岗、毕业即就业"的目标，如图 7-7 所示。

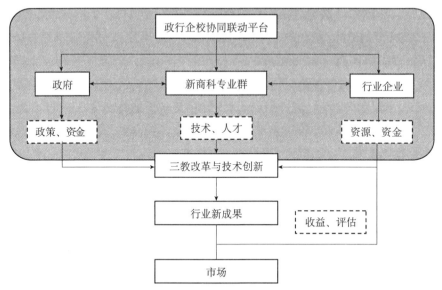

图 7-7 政产学研协同联动人才培养生态体系架构

政行企校协同联动人才培养生态体系的构建为新商科专业群在组织管理、政策引导和人才培养目标确定等方面提供了坚实的保障。

二、界定专业群培养目标

在适应数字经济发展的大环境下，现代服务业调整升级。因而，新商科专业群的构建应当适应现代服务业变化，遵循"专业群对接产业链，专业对接节点"的原则，形成服务于现代服务业的专业集群。专业群内各专业具有技术相似性或专业基础相通性，通过增量支持和存量调整，探索跨院系的新商科专业群建设，以便有效对接岗位群需求，发挥专业群的聚集效应。

新商科专业群作为江苏省高水平专业群，顺应无锡市高新区经济发展需要和新时代商科人才需求变革需要，以提升学生数智＋商务＋跨界应用能力和商业伦理为基点，设定了新商科应用型人才培养适应性改革目标。通过培养商业道德等商业伦理品质，构建新商科数智赋能课程体系，创建商务信息服务中心，助力新商科数智赋能实践体系。通过调研分析，最终确定专业群人才培养目标为：聚焦立德树人，通过"厚植文化底蕴、精湛一技之长、锻造工匠精神"，培养高素质、强技能、会创业的现代供应链物流集成领域复合型人才，能够胜任包括供应链物流规划岗、智能仓储岗、运输与配送岗、电商运营岗、跨境电商运营岗、网络营销岗、商务数据分析岗、智能财务核算与管理岗等职业岗位群相关工作，如图 7 - 8 所示。

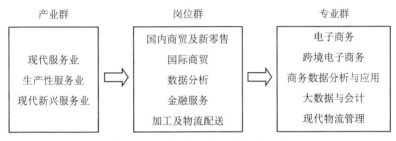

图 7 - 8　产业群、岗位群和专业群

三、确定专业群各专业培养目标

无锡科院新商科专业群组建过程中，打破学院的界线，根据数字经济时代要求和无锡高新区现代服务业的需求进行了跨专业整合重组，有效地对接了新商科岗位群需求，将培养目标从技术技能人才转到应用型人才。通过调研分析，最终确定群内各专业培养目标如下。

（一）电子商务专业培养目标

电子商务专业以立德树人为根本，以德技并修为途径，培养"心中有爱、眼中有人、肚中有货、手中有艺"的德智体美劳全面发展，具有良好的职业道德、工匠精神和人文素养，掌握电子商务专业知识与技术技能，能够面向互联网和相关批发业、零售业和服务业等领域，从事商品信息采编、店铺运营、网络推广、客户服务和新媒体运营等岗位的高素质技术技能人才。

（二）跨境电子商务专业培养目标

跨境电子商务专业以立德树人为根本，以德技并修为途径，培养"心中有爱、眼中有人、肚中有货、手中有艺"的德智体美劳全面发展，具有良好的职业道德、工匠精神和人文素养，熟悉跨境电子商务活动的基本流程，掌握跨境电商平台运营、图文编辑、选品分析、营销推广、物流配送等专业知识与技术技能，能够面向中小型外贸企业、制造业企业和电商企业等，从事亚马逊、阿里巴巴国际站和 Shopee 等跨境电商平台数据分析及运营、网络客服、物流操作和视觉营销等工作的高素质技术技能人才。

（三）商务数据分析与应用专业培养目标

商务数据分析与应用专业以立德树人为根本，以德技并修为途径，培养"心中有爱、眼中有人、肚中有货、手中有艺"的德智体美劳全面发展，具有良好的职业道德、工匠精神和人文素养，掌握商务数据分析与应用必备的专业知识和技术技能，面向互联网和相关服务行业、批发业、零售业、软件和信息技术服务业等行业，能够从事对采购数据、推广数据、销售数据、客服数据、市场数据、物流数据、客户数据、产品数据等进行采集、处理、分析及可视化等工作的创新型、发展型、复合型高素质技术技能人才。

（四）大数据与会计专业培养目标

大数据与会计专业以立德树人为根本，以德技并修为途径，培养"心中有爱、眼中有人、肚中有货、手中有艺"的德智体美劳全面发展，具有良好的职业道德、工匠精神和人文素养，有较强的可持续发展的能力；掌握会计、财务、税务等专业知识与技术技能，能够面向各类中小微型企业的会计及税务服务专业人员职业群，从事智能会计、共享财务、业务财务、税务服务、数据管理等工作的高素质技术技能人才。

（五）现代物流管理专业培养目标

现代物流管理专业以立德树人为根本，以德技并修为途径，培养"心中有爱、眼中有人、肚中有货、手中有艺"的德智体美劳全面发展，具有良好的职业道德、工匠精神和人文素养，掌握物流与供应链管理必备的专业知识与技术技能，能够面向物流和供应链工作领域，从事仓储、运输与配送、采购、客服、物流营销、国际物流管理、供应链管理、物流信息处理等工作的高素质技术技能人才。

四、专业群人才培养目标的实现路径

（一）以区校资源重构为前提

新商科专业群与高新区现代服务业的标杆企业空港集团在师资、技术、设备和场地等方面互融互通，培养学生的专业实践技能和综合职业能力。在推进专业群群建设时，以高新区经济发展需求为导向，以优化高新区产业结构为主线，以学校原有的专业基础为运行保障，将专业群与高新区现代服务业进行对接，重构资源，探究整合发展模式。

（二）以电子商务专业为核心专业

新商科专业群中，电子商务专业具有较强的竞争力，理论技术先进，教学改革成果显著，资源保障充分，在教学改革和人才培养上具有独特潜力。因此，专业群将电子商务专业作为核心专业，通过扩大电子商务专业的辐射范围，打造新商科专业群，创造更大的协同效应。

（三）以高新区现代服务业为导向

精准把握高新区现代服务业发展现状、未来趋势以及支柱产业对各个生产要素的集聚效应，根据新商科专业群建设推动无锡高新区现代服务产业升级、促进高新区经济发展要求，在充分调研和把握高新区产业结构及发展趋势的基础上，将高新区现代服务业及未来发展的人才需求作为专业群建设的重要依据，挖掘人才对经济的支撑作用，发挥学校在无锡高新区经济发展中的基础性作用。

第三节 完善专业群技术技能人才培养规格

无锡科院秉承"立足高新区、融入高新区、服务高新区"的办学宗旨，面向高新区"6 + 2 + X"现代产业体系构建二级学院和专业格局，积极探索实践开发区高职特色办学路径，构建"区校一体、三环耦合、四院融通"的办学格局，探索形成了"创新驱动，区校一体"的全国高新区高职教育新吴模式。

一、注重职业能力 + 非显性技能的培养形式

新商科专业群人才培养遵循新商业的发展规律，体现新的商业思维，重在培养学生新商科领域的思辨思维、表达能力、思考能力和终身学习能力，使其既满足现代服务业需要，又适应无锡高新区经济快速发展的需要，不仅注重学生综合职业能力，更注重学生"非显性技能"的培养。

新商科专业群通过与无锡高新区、跨境电商龙头企业和无锡市电子商务协会深度合作，将传统人才培养形式深化为以培养学生综合职业能力 + 非显性技能为主线，对接现代服务业产业、对标新商科专业群职业技能、无缝衔接新商科岗位，将学生的培养主要分为 4 个阶段，即按"A 岗（学徒岗）—B 岗（助理岗）—C 岗（员工岗）—D 岗（管理岗或创业岗）"4 岗螺旋提升，以"三强化、三对接"为主要目的，对学生的整个学习过程进行管理和评估，提升学生的技能水平和职业素养。

（一）强化学生的知识、技能水平和职业素养

"三强化"是指通过引企入校，强化学生的知识、技能水平和职业素养。引企入校主要通过企业文化进校园、共建实训基地、企业家讲座和企业岗位实践等方式，让企业参与人才培养方案制定、教材编写和商业伦理培养等环节，制定相关管理制度，学生的技能水平和职业素养的培养更加符合企业的要求。

（二）专业和产业对接、学生与员工对接、学历证书和职业资格等级证书对接

"三对接"是指专业和产业对接、学生与员工对接、学历证书和职

业资格等级证书对接。以"三对接"为目的，通过评估课程设计与岗位技能匹配度、校企融合度指数、企业对毕业生满意度对人才培养模式进行评估。

二、创新"入职标准—成业标准—1+X标准—成长标准"四级递进人才培养模式

高新区作为一个区域新旧动能转换的先导区，对职业教育提出"紧随科技进步、紧贴产业发展、紧扣岗位需要"的人才培养要求。客观上，在职业院校人才培养与高新技术发展之间存在的"时差"，是造成专业调整"跟不上"产业转型升级速度、技能习得"跑不过"岗位技术迭代速度、素养培育"达不到"技能社会建设要求等问题的总根源。因此，无锡科院新商科专业群聚焦立德树人，围绕"三中心一集群"高质量发展对高素质创新型技术人才需求，对接"入职标准—成业标准—1+X标准—成长标准"四级递进标准，确定新商科人才培养的目标与规格，确定知识、能力、素质结构，校企共同制定人才培养方案。

教学安排上，第1~2学期，对接"入职标准"开设人文素质、职业素养和通用能力模块课程，组织学生到园区企业和校内相关实训场所进行电子商务岗位群认知实训，体验工作环境、职场氛围、企业文化，厚植文化底蕴；第2~4学期，对接"成业标准"开设通用能力和岗位能力模块课程，在校内实训室完成电子商务、物流、商务数据和智能财务等基本技能的仿真实训，精湛一技之长；第3~5学期，对接"1+X证书"标准开设岗位能力和拓展能力模块课程，并进入园区实训基地、电子商务众创空间进行孵化实训，按"A岗（学徒岗）—B岗（助理岗）—C岗（员工岗）—D岗（管理岗或创业岗）"4岗螺旋提升，锻造工匠精神；第5~6学期，对接"成长标准"开设拓展能力课程，并进入园区企业岗位实习或创业实践，形成"园校协同、四级递进"人才培养模式，如图7-9所示。

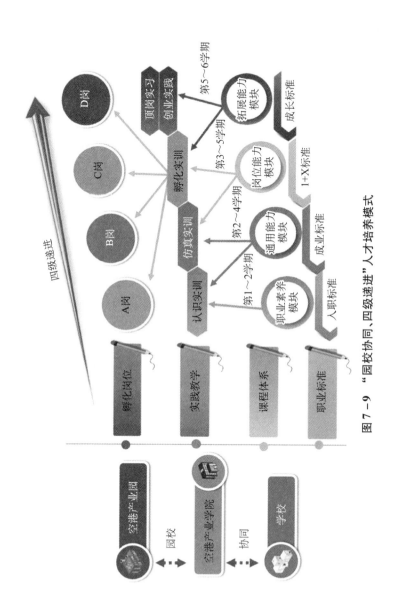

图 7-9 "园校协同、四级递进"人才培养模式

三、明确专业群技术技能人才培养规格

随着数字经济时代的来临，新商科专业群人才培养目标发生了变化，这些人才既要掌握传统商务知识与技能，又要懂财务，还要有较高的创新创业能力、数据分析能力和职业素养等。基于此，在新商科专业群理论和实践课程重构的前提下，尊重学生的个性化选择，在整体提高学生综合素质的同时，提高其创新创业能力和数据分析能力等，同时获得相应的职业资格证书，以真正意义全面提高新商科专业群学生的综合能力与素质。

（一）电子商务专业培养规格

1. 专业核心素养要求

（1）坚定拥护中国共产党领导和我国社会主义制度，在习近平新时代中国特色社会主义思想指引下，践行社会主义核心价值观，具有深厚的爱国情感和中华民族自豪感；

（2）崇尚宪法、遵法守纪、崇德向善、诚实守信、尊重生命、热爱劳动，履行道德准则和行为规范，具有社会责任感和社会参与意识；

（3）具有质量意识、环保意识、安全意识、信息素养、工匠精神、创新思维、全球视野和市场洞察力；

（4）勇于奋斗、乐观向上，具有自我管理能力、职业生涯规划的意识，有较强的集体意识和团队合作精神；

（5）具有健康的体魄、心理和健全的人格，掌握基本运动知识和一两项运动技能，养成良好的健身与卫生习惯及良好的行为习惯；

（6）具有一定的审美和人文素养，能够形成一两项艺术特长或爱好。

2. 专业岗位知识要求

（1）掌握必备的思想政治理论、科学文化基础知识和中华优秀传统文化知识；

（2）了解与本专业相关的法律法规以及环境保护、安全消防、支付与安全等相关知识；

（3）掌握计算机应用、网络技术的基本理论，电子商务的基本理论以及新技术、新业态、新模式和创新创业相关知识；

（4）掌握互联网资料查询、调研及撰写调研报告的步骤；

（5）掌握商品拍摄、图形图像处理和网络文案写作的流程；

（6）掌握电子商务数据统计分析和报告撰写以及客户服务与管理的相关知识；

（7）掌握主流电子商务平台的运营和推广规则。

3. 专业岗位技能要求

（1）具有探究学习、终身学习、分析问题和解决问题的能力；

（2）具有良好的语言、文字表达能力和沟通能力；

（3）具有一定的哲学思维、美学思维、伦理思维、计算思维、数据思维、交互思维和互联网思维能力；

（4）能够熟练应用办公软件，进行文档排版、方案演示和简单的数据分析等；

（5）能够根据摄影色彩和构图策略，进行创意拍摄，制作突出商品卖点的商品照片和视频，能够运用相关软件对图片进行处理，提高用户关注度；

（6）具备网络信息采集、筛选和编辑的能力，能够根据要求进行网站内容更新、策划与制作；

（7）具备网店设计与装修的能力，能够根据产品页面需求，进行页面设计、布局、美化和制作；

（8）能够根据网店（平台）推广目标，选择合理的推广方式，进行策划、实施和效果评估与优化；

（9）能够根据运营目标，采集电子商务平台数据，并依据店铺、产品和客户数据等各类数据，进行分析与预测；

（10）能够正确应对客户咨询、异议、处理客户投诉，进行客户个性化服务等；

（11）能够运用当前主流电子商务平台进行策划、营销推广和店铺的运营与管理。

（二）跨境电子商务专业培养规格

1. 专业核心素养要求

（1）坚决拥护中国共产党领导和我国社会主义制度，在习近平新时代中国特色社会主义思想指引下，践行社会主义核心价值观，具有深厚的爱国情感和中华民族自豪感；

（2）遵法守纪、崇德向善、诚实守信、自觉遵守跨境电商行业法规、规范和规章制度；

（3）认同跨境电商新产业，认可企业价值观，爱岗敬业，努力维护和提升企业的良好社会形象；

（4）具有网络交易安全意识，具备工匠精神和创新思维；

（5）具有较强的责任感意识、良好的执行能力和应变能力以及团队协作和抗压能力；

（6）思维观念转变较快，能够适应互联网条件下对外贸易模式转型的要求；

（7）具有一定的审美和人文素养，能够形成一两项艺术特长或爱好。

2. 专业岗位知识要求

（1）熟悉数字经济、公共海外仓和 9710/9810 通关模式等新趋势；

（2）了解国际贸易及跨境电商等业务活动的主要流程；

（3）掌握亚马逊、阿里巴巴国际站和 Shopee 等主流跨境电商平台基本规则、基础业务操作流程；

（4）了解跨境电商首岗、发展岗和迁移岗等岗位设置和职责要求；

（5）熟悉跨境电商相关法律条例，具备商标侵权、店铺安全等风险的防范意识；

（6）熟悉主要贸易国家的文化、经济、风俗和消费水平等和有关跨境电商政策。

3. 专业岗位技能要求

（1）能根据企业发展目标和市场需求特点，借助互联网工具开展行业分析、竞争对手分析、市场容量分析等工作；

（2）掌握跨境电商平台通用的文字编辑方法和技巧，熟练应用关键词、产品标签，了解短描述、详情页的通用编写方法；能准确使用英语进行商品信息编辑；

（3）具备跨境电商函电写作能力；熟悉跨境电商客服中常用的英语表达和客服语料，能书写英文邮件应对因产品原因、物流原因、平台规则原因触发的客服常见问题；

（4）掌握跨境电商平台关于图片处理的技能，能够规避因产品图片造成的侵犯知识产权；能使用设计类工具软件呈现图文设计效果图；

（5）掌握跨境电商货物流配送、海外仓运作流程；懂得优化国际物流路线及物流方式，熟悉物流价格计算方法。

（6）能够应用 Pr 等视频剪辑软件，编辑符合跨境电商规则，为产品及店铺引流的短视频。

（三）商务数据分析与应用专业培养规格

1. 专业核心素养要求

（1）拥护中国共产党领导和我国社会主义制度，在习近平新时代中国特色社会主义思想指引下，践行社会主义核心价值观，具有深厚的爱国情感和中华民族自豪感；

（2）遵法守纪、崇德向善、诚实守信、尊重生命、热爱劳动，履行道德准则和行为规范，具有社会责任感和社会参与意识；

（3）养成科学的世界观、人生观、价值观；

（4）养成健康的身心素质和人文科学修养；

（5）养成爱岗敬业、吃苦耐劳、诚实守信、热情服务等基本的职业素质；

（6）养成良好的团队协作精神、较强的创新、创业意识和精神；

（7）养成自主学习、持续发展的意识和素质。

2. 专业岗位知识要求

（1）初步了解计算机应用、网络技术的基本理论；

（2）掌握电子商务的基本理论以及新技术、新业态、新模式相关知识；

（3）理解统计学的基本理论；

（4）了解数据采集与处理的流程；

（5）熟悉数据分析的基本理论知识；

（6）理解数据可视化工具；

（7）了解供应链管理流程；

（8）熟悉主流电子商务平台的运营规则和推广模式；

（9）熟悉客户服务与管理相关知识；

（10）理解数据分析与应用的基础知识；

（11）理解电子商务相关的基础知识；

（12）了解数据分析工具的应用方法；

（13）熟悉数据分析报告撰写的流程。

3. 专业岗位技能要求

（1）具备探究学习、终身学习、分析问题和解决问题的能力；

（2）具备数据采集、信息检索的能力，能够通过企业数据平台、数据库、爬虫工具等抓取数值或文本数据；

（3）培养数据处理的能力，能够通过 Excel、PowerBI、Python 等工具对数据进行清洗，并根据分析的目的和主题对数据进行整理；

（4）具备数据分析和初步运用数据模型的能力，能够根据业务需要，对数据进行分析、趋势预测分析等；

（5）培养数据可视化的能力，能够运用数据可视化工具，应用可视化方案对已分析出的项目数据结果进行展现；

（6）具备客户消费心理与行为分析的能力，能够快速分析影响客户消费心理和行为内在与外在因素，能够揭示消费行为的规律、分析和预测消费者行为；

（7）具备网店设计与装修的能力，能够根据产品页面需求，进行页面设计、布局、美化和制作；

（8）具备市场数据分析的能力，能够对市场、客户和产品等数据进行分析，并对销售效果进行有效跟踪，能够通过数据分析挖掘数据背后的价值和需求；

（9）能够根据摄影色彩和构图策略，进行创意拍摄，制作突出商品卖点的商品照片和视频，能够运用相关软件对图片进行处理，提高用户关注度。

（四）大数据与会计专业培养规格

1. 专业核心素养要求

（1）坚定拥护中国共产党领导和我国社会主义制度，在习近平新时代中国特色社会主义思想指引下，践行社会主义核心价值观，具有深厚的爱国情感和中华民族自豪感；

（2）崇尚宪法、遵法守纪、崇德向善、诚实守信、尊重生命、热爱劳动，履行道德准则和行为规范，具有社会责任感和社会参与意识；

（3）具有质量意识、环保意识、安全意识、信息素养、工匠精神、创新思维、全球视野和市场洞察力；

（4）勇于奋斗、乐观向上，具有自我管理能力、职业生涯规划的意识，有较强的集体意识和团队合作精神；

（5）具有健康的体魄、心理和健全的人格，掌握基本运动知识和一两项运动技能，养成良好的健身与卫生习惯，良好的行为习惯；

（6）具有一定的审美和人文素养，能够形成一两项艺术特长或爱好。

2. 专业岗位知识要求

（1）本专业必须掌握人文社会科学和自然科学基本理论知识和中华优秀传统文化知识。如毛泽东思想与中国特色社会主义理论、思想道德修养与法律基础、经济数学、大学英语、应用文与写作、电子商务等方面的知识；

（2）熟悉与本专业相关的法律法规以及环境保护、安全消防、文明生产、支付与安全等相关知识；

（3）掌握经济、管理、税务、金融、市场营销等专业理论基础知识。结合财会工作实际来学习会计基本理论知识，如管理知识、经济学知识、统计知识、经济法知识、市场营销知识等；

（4）必需的专业知识，如业务财务会计、成本核算与管理、财务管理、纳税计算与管理、预算管理、绩效管理、内部控制与风险管理、智能财税共享服务、财务大数据分析等方面的知识；

（5）掌握大数据基础知识；

（6）掌握业财管理信息系统、大数据财务分析等相关知识。

3. 专业岗位技能要求

（1）具有探究学习、终身学习、分析问题和解决问题的能力；

（2）具有良好的语言、文字表达能力和沟通能力；

（3）具有人工智能、大数据等现代信息技术应用能力；

（4）具备出纳岗位工作能力，能够选择合理的结算方式，完成资金收付结算；

（5）具备会计核算能力，能够准确进行会计要素的确认、计量和报告，熟练进行会计凭证审核与编制、账簿登记以及报表编制；

（6）具备成本核算与管理能力，能够合理选择产品成本计算的方法，正确计算产品成本，科学进行成本分析与管理；

（7）具备企业涉税业务处理和税收筹划能力，能够正确计算各种税费，并进行规范申报，能够进行基本的纳税筹划和财税风控险制；

（8）具备预算管理、成本管理、营运管理、投融资管理、绩效管理、财务分析、内部控制与风险管理能力；

（9）具备一定的财务管理能力，能够运用财务管理的基本原理和方法进行中小企业筹资、投资及营运方案的分析，能够运用预算编制的基本方法编制企业收入、成本费用以及项目预算；

（10）具备智能财税共享服务、大数据分析、智能财税风险防控、智能估值能力；

（11）具备一定的大数据抓取与分析能力，能够撰写财务分析报告；

（12）具备云会计核算能力，能够融业务于财务，在准确进行会计核算的同时，为业务部门提供必要的财务服务。

（五）现代物流管理专业培养规格

1. 专业核心素养要求

（1）有现代物流从业人员的精神和气质，爱岗敬业，遵纪守法，诚实守信，具有社会责任感和社会参与意识；

（2）有较强的质量意识、环保意识、安全意识、信息素养、工匠精神、创新思维、全球视野和市场洞察力；

（3）勇于奋斗、乐观向上、具有自我管理能力、有较强的集体意识和团队合作精神；

（4）具备健康的体魄、心理和健全的人格，养成好的行为习惯；

（5）具有一定的审美和人文素养，能够有一两项艺术或传统文化方面的特长或爱好。

2. 专业岗位知识要求

（1）掌握必备的思想政治理论、科学文化基础知识和中华传统文化知识；

（2）掌握现代物流管理的基本理论知识；

（3）掌握智慧仓储管理的基本理论知识；

（4）掌握现代运输管理的基本理论知识；

（5）掌握智能配送管理的基本理论知识；

（6）掌握物流市场开发与客户服务的基本理论知识；

（7）掌握国际物流工作流程和单证填制的基本知识；

（8）掌握物流成本管理的基本知识；

（9）掌握采购与供应链管理的基本知识；

（10）掌握现代物流系统规划与设计的基本知识；

（11）熟悉大数据、智慧物流、物联网等现代物流发展的新知识、新技术。

3. 专业岗位技能要求

（1）具有探究学习、分析问题和解决问题的能力；

（2）具有良好的语言、文字表达能力和沟通能力；

（3）具有规范填制、识读、制作和修改物流各类单证的能力；

（4）具有对仓储、运输、配送、包装、流通加工、装卸搬运、物流信息处理等物流业务进行操作流程设计和现场管理的能力；

（5）具备操作和养护仓储作业常用设备，能应用仓库现代设施设备进行仓储管理的能力；

（6）具有利用配送管理系统等信息工具进行配载路线选择和运输路线优化的能力；

（7）具有对现代物流系统进行规划设计，进行系统分析与仿真的能力；

（8）具有对物流市场进行调研分析、战略规划和客户开发，并能够进行客户服务的能力；

（9）具有对物流成本管理与控制的能力；

（10）具有对国际进出口业务进行货运代理服务、单证制作等操作的能力；

（11）具有对采购与供应链管理过程进行流程分析和流程设计的能力；

（12）具有运用大数据、智慧物流、物联网、ERP 系统等先进技术提升物流运作效率，并运用物流信息技术解决物流问题的能力。

第四节　夯实专业群课程体系建设基础

新商科专业群围绕"高素质、强技能、会创业"的人才培养目标，坚持立德树人、以高新区现代服务业需求为导向，深度整合了"宽基础，活模块""工作过程系统化"与项目课程，对接新商科职业标准，构建"1234"课程体系，培养了新商科服务领域复合型、创新型人才。

一、构筑德技兼修的"1234"课程体系

新商科专业群围绕高新区现代服务业人才培养目标，坚持立德树人、以产业需求为导向，对接职业标准，构建"1234"课程体系，培养新商科领域复合型和创新型人才。"1"根本：以"立德树人"为根本，将思想政治元素渗透专业课程全过程。"2"对接：群内岗位能力模块课程体系与现代服务业岗位群对接，课程内容与"入职—成业—1＋X—成长"职业标准对接。"3"层次：课程体系按照"底层共享、中层分立、高层互选"开设，三层次相互关联、彼此渗透，共享共融。"4"递进：实现从职业素养和专业群平台课程培养学生通用能力—专业方向课程培养岗位操作能力—1＋X 证书课程培养工匠能力—专业群共享课程提高管理能力的"4 级递进"的岗课赛证训创课程体系，如图 7－10 所示。

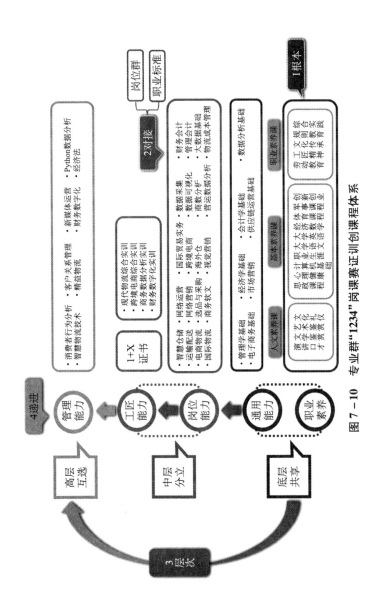

图 7-10 专业群"1234"岗课赛证创课程体系

1. 以区校一体为载体，实现"多链衔接"

课程体系建设契合无锡市高新区现代服务业多域交织、多链发展的特点，将产业与教学紧密结合实现"多链衔接"，融岗位、竞赛和证书于一体，全面培养国内外电商平台运营、数据分析、财务分析和物流服务等方面的人才，实现教育和人才的双链衔接。不仅教育系统为适应新商科发展而采取的变革措施，也是新商科业态倒逼教育改革的现实需求。

2. 以命运共同体打造为路径，实现"多群互动"

课程体系建设以无锡市高新区产业需求为导向，一方面，通过调整新商科专业群课程设置、技能大赛内容和职业证书类型，有针对性地提升学生的岗位驾驭能力；另一方面，通过中国（无锡）跨境电子商务综试区人才培养产教联盟，实现学校新商科专业群建设的内部沟通与合作，通过承办跨境电子商务创新创业大赛和直播电商大赛，统一职业验证，强化专业群的建设能力，推动形成无锡高新区现代服务业发展新局面。

3. 以新商科岗位群聚集为中心，实现"多渠相通"

新商科专业群以岗位群聚集为中心，有针对性地开展人才培养工作，在专业群内部构建岗位纵向耦合机制，从而维系整个新商科体系的正常运营，由此建立专业群核心专业电子商务与群内其他专业岗位之间的横向联动机制。专业群通过专业课、选修课和公共课等与关联专业建立联系，并借助行业竞赛、创新创业大赛、专业实习实训等活动，推动专业间教学合作，强化岗位群与其他关联岗位的耦合，实现"多渠相通"。

4. 以产业纵深化发展为导向，实现"多方共举"

课程体系以无锡高新区现代服务业纵深化发展为导向，利于突破企业与学校、经济与教育之间的藩篱，使政府、行业协会、企业和学校形成合力。在构建课程体系的过程中，优化资源配置和课程要素，主动适应新商科产业发展对人才核心技能的新要求，并在优化专业内部教育的同时，与其他相关专业合作，研制课程标准、优化教学体系、创新教学内容、更新教学方法，实现横向的联动拓展和纵向的耦合提升。尤其是在主体协同上，无锡市高新区政府根据产业发展情况，制定新商科专业群的顶层制度；区内行业协会协同科研单位、跨境电商龙头企业、新商科技能评价组织等，为人才培养质量把关，并配合学校开展相关活动；区内企业结合人力资源实际情况，与学校开展人才共育或定向培养；学校以立德树人为己任，协调各方主体，致力于新商科专业群建设；各参与主体既独立又合作，以产业纵深化发展为导向，共同致力于新商科专业群人才培养。

二、分层分类设置优化课程设置

（一）设计适应性职业素养课程

职业素养作为现代社会中人们不可或缺的一项重要素质，涵盖了职业技能、职业道德和职业意识等多个方面。对于新商科专业群学生来说，培养职业素养不仅有助于提高自身的就业竞争力，还能够更好地适应职场环境，实现个人价值。新商科专业群学生通过适应性职业素养课程学习和交流，可以大大提高自身的职业素养水平，为未来的职业生涯保持竞争力奠定一定的基础。

1. 通用必修职业素质课程

专业群结合学生学情和实际，积极加强通用职业素质课程建设，有效提高学生自主学习、语言表达、信息检索、信息整合、独立分析和处理问题、创新创造等职业素养，以及学生的综合职业能力，具体开设课程如下：思想道德与法治、毛泽东思想和中国特色社会主义理论体系概论、习近平新时代中国特色社会主义思想概论、形势与政策、大学英语、信息技术、高等数学、吴文化艺术鉴赏、大学生心理健康教育、大学生职业生涯规划、大学生创新与创业基础、创新创业实务、体育、军事理论、军事技能。

2. 按需选修职业素质课程

专业群为落实立德树人根本任务，推进三全育人综合改革，培养学生学以致用、知行合一的职业能力和素养，促进大学生思想政治素养、社会责任感、创新精神、实践能力等全面发展，积极深化职业基本素养课程体系，创新课程载体设计，丰富选修职业素质课程内容，实现学生红色信念引领、素质拓展提升、劳动实践锻炼、志愿服务公益和自我管理服务等职业素养提升。具体开设课程如下：演讲与口才、礼仪文化和人文素质类、语言类、国史党史类、科技素养类、身体素质类、管理类、安全教育类选修课。

（二）开发区校一体的新商科专业群课程

专业群根据学校区校一体办学宗旨、定位方向与思路，以新商科行业的微观要求确定专业群培养核心课程体系。同时针对专业群课程体系中各个专业的地位，以及各专业所对应的主要职业规范、重点职位群和关键技能的差异，优化调整各专业的重点教学内容。

1. 改革专业群平台课程

新商科专业群平台课程是专业群内涵建设、教学资源建设配置和深化教学改革的重点工作之一。通过分析专业群基础岗位能力，以及现有平台课程中存在的问题，政行企校合作动态调整课程标准，渗透式开展课程思政，将专业群平台课程设置为：管理基础与实务、经济学实用基础、市场营销、统计数据分析基础、供应链运营管理和会计基础知识与应用。

2. 优化专业核心课程

各专业核心课课程体系构建是专业群课程体系的核心内容与关键，通过调研群内各专业的就业职位、目标职位与迁移职位，细化岗位中所对应的职业目标、重点职业岗位、专长目标与职业技能，确定了专业群各专业核心课程。

针对专业群岗位能力要求，按照"行业职位能力标准→以岗定位→工作任务分析→职位核心工作力量概括→学科组织结构序化→专业技术教育规范设计→课程标准设计"路线，实行专业到课程逆向研究，实现岗位能力搭配课程内容的转化，引领新商科专业群各专业的教学内容变革。专业群内各专业核心课程如表7－3所示。

表7－3　　　　　　　　　专业群各专业核心课程

专业名称	专业核心课程
电子商务	电子商务基础、跨境电子商务实务、网络调查与分析、商贸法律实务、客户服务与管理、视觉营销、电商直播运营、商务数据分析应用、网络营销、新媒体运营

续表

专业名称	专业核心课程
跨境电子商务	跨境电商 B2C 实务、跨境电商软文写作、跨境电商 B2B 实务、跨境电子商务选品、跨境电商客户服务、跨境电商视觉营销、跨境电商数据分析、跨境电商直播运营、电子商务基础
商务数据分析与应用	电子商务基础、网店运营管理、商务数据分析应用、Python 数据分析基础、电商直播运营、SPSS 数据分析与应用、数据采集与处理、数据可视化、数据分析与报告撰写
大数据与会计	会计基础知识与应用、大数据基础与应用（商科）、业务财务会计、管理会计、成本核算与管理、财务管理、纳税计算与管理
现代物流管理	现代物流基础、智慧仓储管理、运输管理实务、配送管理实务、国际物流实务、物流成本管理、物流营销与客户服务、物流系统规划与设计、供应链运营管理

3. 重构专业群实践课程

专业群实践课程主要将学生带入企业虚拟或真实环境中进行实际操作和实践训练的课程。这类课程与传统的理论课程不同，通过让学生直接参与，使他们更深刻地理解理论知识，更容易掌握实践技能。专业群结合各专业岗位核心技能要求，将实践课程教学内容设置如表 7-4 所示。

表 7-4　　　　　　　　　专业群各专业实践课程

专业名称	专业实践课程
电子商务	网店美工、商品拍摄与视频处理、企业沙盘演练
跨境电子商务	网店美工、商品拍摄与视频处理、企业沙盘演练
商务数据分析与应用	商品拍摄与视频处理、商务数据分析与应用实战、智能仓储大数据分析、企业沙盘演练
大数据与会计	企业沙盘演练、Excel 在财务中的应用实训、大数据财务分析实训、财税综合案例实训
现代物流管理	物流仿真实训、物流沙盘实训、智能仓储大数据分析、物流设施设备实训

另外，岗位实习是专业群教学活动中重要的实践教学环节，是学生按照专业培养目标要求和人才培养方案安排，经学校批准到企（事）业等单位，在专业人员的指导下相对独立参与实际工作、进行职业道德和技术技能培养

的实践性教育教学活动。毕业论文是教学、实践和创新相结合的综合性学习环节，是锻炼学生运用所学理论解决实际问题能力的重要教学方式。新商科专业群将岗位实习和毕业设计（论文）设置为综合实践课程。

4. 设计专业群共享课程

新商科专业群课程体系建设中，将提升学生基础能力和职业素养作为优先教育引导对象。新商科专业群课程体系不能仅局限于各专业领域，应当广泛涉猎专业群其他相关领域，使传统教学内容与其他专业领域有所交叉和融通。

通过调研分析，将专业群共享课程设置如表 7-5 所示。

表 7-5　　　　　　　　　　　专业群共享课

课程类别	专业群共享课程
课程名称	办公自动化、国际贸易实务、消费者行为分析、电商文案策划、经济法律法规、电子商务物流、客户服务与行为分析、商务数据分析应用、精益物流、经济法、财务数字化、跨境电子商务综合实训（X）、网店运营推广综合实训（X）、商务数据分析综合实训（X）、现代物流综合实训（X）、财务数字化综合实训（X）

（三）探索区校一体化课程

无锡科院贯彻落实立德树人根本任务，依托区办体制优势，深入推进区校一体的大思政课建设，建立健全思想政治培养体系，引导学生胸怀理想信念，做马克思主义的坚定信仰者、忠实践行者、有力传播者。根据学校办学特点，新商科专业群课程体系中增设了区校一体化课程，按照区校一体化课程体系建设要求设置了匠心养成课程和企业课程，如表 7-6 所示。

表 7-6　　　　　　　　　　　区校一体化课程

课程类别	专业群共享课程
匠心养成课程	成长第一课、新年德育课、劳动教育、劳动实践、诚信教育、规则教育、实践活动
企业课程	高新区企业岗位技能强化、高新区产业课程

新商科专业群课程体系遵循工作过程系统化原则，在系列课程支持下完成项目任务为目标，解构相关课程知识点、技能点，对课程、教学、评价进行一体化设计，以课程交叉融合重构学习单元，以能力螺旋递进序化项目任

务，以教学时序编排建构项目链路，推动课程体系由"知识模块"转变为"项目模块"，形成项目化、任务驱动型的课程体系。

第五节　强化专业群师资队伍一体化建设

在新商科专业群建设过程中，一支具备数字化技能的双师素质教师队伍是专业群建设的关键。为了更好地建设专业群，学校针对无锡高新区人才培养要求遴选了一批全能型教师作为专业群带头人与骨干的培养，让他们不仅了解和熟悉数字化经济商业的发展方向和趋势，还掌握商科专业知识、数字技术知识，并具备综合协调能力。

一、"区校一体"对学校师资队伍建设的新要求

作为学校可持续发展的"第一资源"，师资队伍建设不仅是解决师资短缺、调整队伍结构和满足教学需要，更是兼顾高新区经济发展的需要，完成教育教学改革，产教融合深化，学校资源配置优化，人才培育质量提升，学校国际影响力扩大的重要使命。

专业群原有的专业群师资队伍建设，主要体现在教师有优秀的教育教学能力和科研能力，有高超的技术开发和技艺技能示范水平；在行业领域有权威性、在专业领域有国际影响力；学生满意度高，办学质量足够好，国际认可度高。在区校一体背景下，为进一步加快校地、校企融合，专业群师资队伍建设应做到以下几点。

（一）服务高新区现代服务业发展

区校一体背景下，专业群师资队伍建设无论在数量、结构、质量上都要实现提升、优化，这既要做好专业群师资队伍发展规划，还要创新机制体制保障专业群师资队伍的良性发展；同时专业群师资队伍并不只是各专业专职、兼职教师个体相加或者简单的教师群体聚集，而是根据专业群与无锡高新区现代服务业发展的相关性，通过打造高技能人才聚合平台，形成专兼结合、校企混编、跨界融合、优势互补的教学共同体，满足新时期复合型技能型人

才培养的需要，从而实现学校职业教育高质量内涵式发展。

（二）服务高新区干部培育

坚持党管干部原则，以加强锻炼、积累经验、提高素质、增长才干为目标，通过实践锻炼，丰富工作经历，使优秀年轻干部更清晰地了解高新区（新吴区）的发展目标和战略部署，更好地熟悉高新区（新吴区）的经济社会发展和产业转型升级的现状，进一步密切校地合作的关系纽带，为学校蓄好干部源头活水、优化干部队伍梯队结构，每年从学校选派 20～30 名有发展潜力、有培养前途的年轻干部赴高新区（新吴区）有关部门进行挂职锻炼，提升学校干部尤其是优秀年轻干部的工作阅历和实践经验，优化干部综合素质及队伍结构。

（三）服务学校专业群发展

第一，做到"四有"标准即具备"理想信念、道德情操、扎实知识、仁爱之心"，这是专业群教师的第一素质；第二，具备优秀的教育教学能力和实践能力，这是教师教书育人的基本要求；第三，具备科学研究和技术研发能力，能将学术研究、技术开发与产业发展相结合，真正做到产学研一体化；第四，具备社会服务能力，面向区域经济和社会发展，服务于行业企业，产生一定的社会价值；第五，具备资源整合和创新能力，能应对复杂的教学情境，善于利用资源并有效整合，实现跨学科、跨领域的协同创新发展。

二、专业群教师队伍的建设思路

高职院校推动高素质专业化教师队伍建设的重要抓手和重点，主要体现在双师型教师队伍、教学创新团队和科研创新团队的建设。新商科专业群在抓好自身师资队伍建设的同时，更加强政行企校的相互协作和联动，推动专业群教师团队组网融通，带动教师全面发展。

（一）打造高水平"双师型"教师队伍

1. 校内专任教师走出学校

合作企业每年提供一定岗位给专业内教师，并安排高管或运营经理指导，可以采用访问工程师、半脱产或全脱产形式。表7-7为近4年专业群部分专任教师企业实践列表。

表7-7　　　　　专业群专任教师企业实践情况一览表

起止年月	累计天数	实践单位	实践形式主要内容	承担任务	教师
2020.07-2020.08	60	无锡美颜琼贸易有限公司	实践锻炼	跨境电商选品调研	斯×
2020.07-2020.08	60	无锡易然科技有限公司	实践锻炼	亚马逊店铺客服沟通	马×
2020.07-2020.08	60	泛亚信息技术江苏有限公司	实践锻炼	网站建设与制作	李×
2021.07-2021.08	60	泛亚信息技术江苏有限公司	实践锻炼	市场调研和策划	薛×
2021.07-2021.08	50	无锡易然科技有限公司	实践锻炼	跨境电商客户服务	张×
2021.07-2021.08	60	无锡奇奇优品电子商务有限公司	实践锻炼	市场数据采集与分析	吴×
2021.07-2021.08	60	无锡美颜琼贸易有限公司	实践锻炼	跨境电商店铺运营	周×
2022.07-2022.08	60	无锡芳星信息技术有限公司	实践锻炼	跨境电商数据分析	沈×
2022.07-2022.08	60	无锡奇奇优品电子商务有限公司	实践锻炼	市场数据采集与分析	张×
2022.07-2022.08	60	无锡芳星信息技术有限公司	实践锻炼	跨境电商数据分析	费×
2023.07-2023.08	45	无锡恒诺安贸易有限公司	实践锻炼	阿里国际站店铺运营	马×
2023.07-2023.08	45	无锡恒诺安贸易有限公司	实践锻炼	阿里国际站店铺运营	陈×
2023.07-2023.08	45	无锡恒诺安贸易有限公司	实践锻炼	阿里国际站店铺运营	蒋×
2023.07-2023.08	45	无锡恒诺安贸易有限公司	实践锻炼	阿里直播	费×
2023.07-2023.08	45	无锡恒诺安贸易有限公司	实践锻炼	阿里直播	吴×
2023.07-2023.08	45	无锡易然科技有限公司	实践锻炼	亚马逊店铺运营	张×
2023.07-2023.08	45	无锡易然科技有限公司	实践锻炼	亚马逊店铺运营	张×

2. 校外兼职教师走进学校

企业挑选品行端正，工作技能优秀，善于表达沟通、责任心强、具备言传身教的能力，在工作岗位工作满5年以上，技能水平需达到高级工及以上水平，且有过成功带新员工经验者、评选为优秀员工者担任学校兼职教师。2020~2023年，专业群企业兼职教师承担校内专业课课时量为215学时/年，占专业课总课时（3072学时）比例为17%，专业群部分兼职教师担任教学任务如表7-8所示。

表 7 - 8　　　　　　　　专业群部分兼职教师担任教学任务一览表

序号	姓名	学历（学位）	职称	专业方向	可承担的教学任务
1	孙×（校外）	博士	企业讲师	跨境电商	亚马逊选品、岗位实习
2	张×（校外）	研究生（硕士）	企业讲师	电商	淘宝店铺运营、岗位实习
3	王×（校外）	研究生（硕士）	企业讲师	物流管理	现代物流综合实训、岗位实习
4	安×（校外）	本科（学士）	企业讲师	跨境电商	亚马逊运营、岗位实习
5	龚×（校外）	本科（学士）	企业讲师	短视频运营	电商直播
6	朱×（校外）	研究生（硕士）	企业讲师	大数据与会计	大数据财务分析、岗位实习、专业实习
7	高×（校外）	研究生（硕士）	企业讲师	电商	客户服务管理、商务数据分析、岗位实习、专业实习
8	盖×（校外）	本科（学士）	企业讲师	电商	商品信息采编、视频采编、岗位实习、专业实习

这些兼职教师做好对实习生的日常考勤和管理，加强职业道德、劳动纪律和企业文化等教育，培养学生文明、守纪的良好习惯；负责指导实习生熟悉实习工作环境，提高学生的自我保护能力，采取有效措施防止学生在实习中受到伤害；认真做好对实习生技能训练的指导和各技术环节的示范，使学生尽快掌握跨境电子商务实际操作技能，严格要求学生，并经常进行提问、讲解与指导；认真听取学校和实习指导教师的意见，采取措施及时解决实习指导中存在的问题，不断提高实习质量；督促学生及时填写实习生手册，对学生的实习小结填写评语并签名。

（二）打造高水平教学创新团队

教师教学创新团队，是《深化新时代职业教育"双师型"教师队伍建设改革实施方案》提出建设培养双师型教师的职业教育教师教学创新团队。学校作为第一责任主体，高度重视团队建设工作，建立工作机制，细化目标任务，整合优质资源，创设必要条件，有序推进实施。专业群把团队建设作为推动现代职业教育体系建设改革和服务教师全面发展的重要平台和有力抓手，因地制宜做好团队梯次规划和整体布局，为全面提高复合型技术技能人才培养质量提供强有力的师资支撑。

在实施过程中，根据不同的教学项目、创新创业项目，鼓励行业内知名企业家参与，突破学科壁垒和人才壁垒，建设和培养一支结构层次合理、综合能力素质高、创新创业能力高的教师队伍，为专业群提供师资保障。如依托产业学院、职教集团和产教联盟等建立校企人员双向交流协作共同体，进一步加强校企之间的沟通，提高师资队伍建设的质量，延伸学生的课堂。

（三）打造高水平科研创新团队

为进一步提升专业群科研创新水平与社会服务能力，整合优势科研资源，推动科技创新人才队伍的建设，加快标志性科技成果产出，为无锡市高新区产业发展提供可持续发展的人力、智力资源支撑，组建科研创新团队，专业群打造了一支高水平科研创新团队。该团队研究面向无锡高新区现代服务业的重点领域，符合专业群学科发展需要，具有开创性和探索性。科研创新团队负责人蒋漱清具有较高的学术水平和创新性学术思想，品德高尚，治学严谨，具有较好的组织协调能力和合作精神，在创新团队中发挥核心领导作用。团队成员 6 人，专业、职称、学历和年龄结构合理。

三、专业群师资队伍的建设内容

经过调研、论证和资源整合，新商科专业群师资队伍如下。

（一）精心选聘优秀校内外专业负责人

专业群教学团队现有教师 101 人，其中校内专任教师 43 人，企业兼职教师 58 人。专任教师队伍中，具有研究生以上学历 11 人，占 25.58%；副教授及以上职称 6 人，占 13.95%；讲师职称 11 人，占 25.58%；双师占比 93.02%。

1. 校内专业群带头人

校内推选蒋漱清教授为专业群校内带头人，先后带领团队获评省重点建设专业群、省高水平专业群、市品牌、市特色、市现代学徒制试点典型项目、市创新创业重点项目等项目。主持省教改项目 3 项，纵横向到账 200 万元以上。同时，担任无锡市电子商务协会副会长、跨境电商产教联盟副秘书长，有较高的行业的影响力。

2. 校外专业群带头人

校外推选无锡易然科技有限公司孙勇博士作为专业群校外带头人，作为江苏省产业教授，考核期间，成果显著，获评优秀，并续聘至 2027 年 1 月。孙勇教授先后获得清华大学电子工程系学士学位、美国斯坦福大学计算机系硕士、博士学位，师从美国国家科学院院士、原斯坦福大学计算机系主任吉恩·戈卢布（Gene H. Golub），其博士论文获国际计算电磁学协会 2002 年度最佳论文奖。孙勇博士 1996 年开始在美国硅谷创业，创建 Accelet Corporation 公司，成为了 AOL Time Warner 和 McGraw-Hill 等财富五百强企业的软件开发和技术系统运维外包服务提供商。2000 年，孙勇博士在北京中关村科技园海淀留学人员创业园创办北京易然科技有限公司，担任总裁至今；同时担任北京中关村企业家咨询委员会委员、欧盟中小企业协会专家等。

（二）倾力打造优秀师资队伍

专业群围绕"三教改革"以"走出去请进来"为主要途径，打造"校企混编、专兼结合、优势互补"的师资队伍。一方面，对校内专任教师加大培训和引进力度，着重培养教师的专业能力、实践教学能力、科学研究和社会服务能力。专任教师每年参加专业相关培训 48 学时以上，每 3 年赴企业担任访问工程师 3 个月以上，深入了解与专业群相关的行业企业标准、新商业模式运行、前沿的新技术在商业中的应用等内容，使教师获得在学校和书本上接触不到的实践锻炼经验，用于指导专业群人才培养方案的修订和完善、教学内容的组织和更新、教育教学改革等方面，提升专业教学能力。另一方面，企业兼职教师来自政行企高管，深度参与人才培养方案制定、教学标准和课程标准的设计与实施，以及实训教学平台的开发等。对于"引企入校"项目的项目经理常驻学校，与专任教师组成混编团队，全程参与人才培养模式改革、校企合作课程开发和教材编写、孵化实训指导。兼职教师除担任部分课程内容的教学外，主要承担学生在企业课程实训、岗位实习指导，参与编写实训指导书、学生毕业论文（设计）的指导，承担的专业课学时比例达到 40%，如表 7 - 9 所示。

表 7-9　　　　　　　　专业群教学师资队伍配置与要求

双师素质教师占专业教师比例							83%		
	总人数						43 人		
	年龄	学历	人数	学位	人数	是否双师	人数	职称	
专任教师	30 岁以下	3 人	大专	0 人	学士	3 人	是	34 人	教授	1 人
	30~39 岁	15 人	大学本科	3 人					副教授	11 人
	40~49 岁	21 人	硕士研究生	35 人	硕士	35 人	否	7 人	讲师	25 人
	50 岁以上	2 人	博士研究生	3 人	博士	5 人			助教	4 人
其中：校内专业群带头人	姓名	年龄	学历		学位		是否双师		职称	
	蒋×	57 岁	本科		学士		是		教授	
兼职教师	总人数	58 人	主要合作实训基地名称		无锡空港物流产业园、空港跨境电商产业园、无锡·感知中国会计服务示范基地					
其中：企业带头人	姓名	职务	年龄		工作单位名称		工作领域			
	孙×	总经理	45 岁		无锡易然科技有限公司		电商、跨境电商			

同时，充分利用合作企业的优质资源，建立校企分工协作、互利共赢的学徒制长效机制，为教师发展赋值增能，实施教师分类管理，注重让领军教师做"领航雁"，发挥其学术的示范引领力和专业、行业影响力，让骨干教师做"火车头"，发挥其业务带动力和情操的感召力，实施"名师孵化工程"，为青年教师构建"加速器"，为新入职教师构建"孵化器"；多力并发，健全教师成长机制，不断推进专业群师资队伍的质量保证体系建设。

第六节　创新专业群四级阶梯实践教学体系

在区校一体化背景下，新商科专业群建设要想取得理想的效果，除了重构课程体系，还要加强开放性、共享性实训基地建设，提高新商科专业群学生综合能力素质。依据专业间的关联性，专业群对接无锡高新区现代服务业真实环境，探索建立集教学、实训和创业一体，多专业共享、跨专业实训平台。同时，分步搭建链式"实战性"实训实践环境，引入企业真实工作任务，开展阶段式经营实训，真正完成新商科专业群实训体系的建设。

一、专业群实践教学体系建设的要求

根据国务院印发《国家职业教育改革实施方案》《关于职业院校专业人才培养方案制订与实施工作的指导意见》《省政府关于深化现代职业教育体系建设改革实施意见的通知》，要推动职普融通、深化产教融合、创新科教融汇，优化职业教育类型定位，打造现代职教体系样板。要完成开展省市联合建设改革新模式试点、打造市域产教联合体、打造行业产教融合共同体、深化职业学校教育教学改革、实施产教融合提升行动、支持技能人才多样化成长成才等八项重点任务。

二、专业群实践教学体系建设的目标

（一）专业群实践教学体系建设的总体目标

围绕新一轮高职教育改革与发展的需要，立足于创新体制机制，充分调动行业企业参与职业教育的积极性；围绕江苏省示范性虚拟仿真实训基地建设的要求，立足于能够主动适应高新区经济社会发展需要，推进实训平台建设由单一专业向专业群，由单纯教学向生产经营、社会服务、创新创业，由服务单一学校向服务多个学校、企业和社会转变；围绕职业教育服务于社会经济的办学宗旨，立足于高素质技术技能型专门人才培养，深化教育教学改革，强化实践育人；引企入校，通过构建"合营安排"为体制的"空港物流学院"，"校企协同育人"为机制，建设装备技术水平与企业主流技术同步，集"实训、服务、创业"功能为一体的综合型实训平台，为"大众创业、万众创新"搭建新平台。

（二）专业群实践教学体系建设的具体目标

依据现代服务业发展对人才培养的需要，按照新商科专业群活动所涉及的财税金融服务（资金流）、商务信息服务（信息流）、物品流通服务（物品流）等领域人才培养与社会服务要求，以有利于"引企入校"和运作真实项目，推进"产教融合"，形成以"实训中心""服务中心""创业中心"为基本形态的实训平台功能架构。具体来说，就是在无锡市高新区政府、行业、园区和重点合作企业的支持下，以服务现代服务产业链和新商科专业群建设为目的，围绕产业发展需求，满足专业群内通用技能、专业技能和综合技能训练的需要，系统设计实训教学体系，配置相应实训设备，整合校内外实训资源，建成一个面向产业领域是服务中心、面向教育领域是实训中心、集"产教融合""创新创业"功能为一体的新商科专业群实训平台。

专业群实践教学体系建设的具体目标包含：形成实训平台的混合所有机制、共建共管共享机制和校企协同育人机制，实现政行企校的教育资源、实训要素的有效汇聚和有力整合；产教深度融合，创新人才培养模式，实现教学内容与企业先进管理技术接轨，形成优秀实训资源，培养符合无锡高新区经济发展需要的新商科专业群人才；提升师资水平，培养一批"教练型"教学名师和创业导师，显著提升技术积累和社会服务能力；促进创新创业教育与商科综合实践教育，培养符合社会需求的创新创业人才。

三、专业群实践教学体系建设的路径

按照形成一个面向产业领域是服务中心、面向教育领域是实训中心、集"产教融合""创新创业"为一体的新商科专业群实训平台建设目标要求，围绕机制建设、载体建设、功能建设三个方面，形成"商务信息服务中心""物品流通服务中心""财税金融服务中心""创新创业孵化中心"四大建设项目。

（一）体制机制建设：探索混合所有制实训平台建设模式，实现校企协同育人

1. 体制建设：建设"空港物流学院"；探索"共同经营"运行模式

新商科专业群实训平台以有利于实训、服务、创业功能发挥的构建原则，与无锡空港物流、无锡顺丰、泛亚信息在协商一致、共赢互惠的基础

上，按照企业运行架构，共同组建"空港物流学院"，分层、分类推进混合所有制改革。共建初期，共建双方按照合营安排形成非法人单独主体，实现校企双方物理融合，合作开展人才培养、研发创新、社会服务等。共建后期，主动适应和引领职业教育发展新常态，探索具有混合所有制特征的法人治理结构。创新校企协同的技术技能积累机制，推动企业将"空港物流学院"纳入技术创新体系，强化协同创新，"空港物流学院"将主动参与企业技术创新，积极推动技术成果扩散，为科技型小微企业创业提供人才、科技服务。

新商科专业群实训平台以有利于实训、服务、创业功能发挥的构建原则，与相关合作企业在协商一致、共赢互惠的基础上，探索"共同经营"运行模式，按照企业运行架构，实训平台实行理事会制，常设机构为秘书处，围绕"商务信息服务中心""物品流通服务中心""财税金融服务中心""创新创业孵化中心"四大建设项目，发挥实训平台实训、服务、创业功能，设立实训管理部、项目运行部、创新创业部为基地职能机构。

2. 机制建设：形成"三个对接"的校企协同育人机制

机制建设的核心问题是围绕"产教融合"总目标，构建具有教学过程与生产过程对接机制的人才培养模式，以及相配套的措施。以构建"专业教育与职业成长同步发展"的校企协同育人机制为核心的实训平台机制建设思路。

"专业教育与职业成长同步发展"育人机制，就是充分发挥实训平台所具有的真实职场环境和岗位实训资源条件，围绕"四模块"（职业素养、基本技能、核心能力、岗位能力）和"四类岗"（基础岗位、技能岗位、职业岗位、核心岗位），形成"四循环"（模块与岗位间）机制，实现"四递进"，使学生在接受专业教育的同时，通过教学过程与生产过程对接，实现其职业成长的人才培养机制。

如图 7 - 11 所示，上述建设活动的最终目的是形成一个以新商科专业群为核心，对群内各专业开展实训、服务和创业活动能够给予有效支撑，实现专业与产业对接、课程内容与职业标准对接、教学过程与生产过程对接的综合型实训平台。

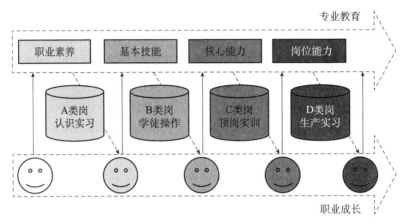

图 7 – 11 "专业教育与职业成长同步发展"培养模式

（二）载体建设：利于"引企入校"，建设五大项目

根据实训平台建设的功能与目标（见图 7 – 12），在载体建设中"引企入校"是一项重要内容，也是决定实训平台能否承载社会服务功能和创业功能的关键环节。"引企入校"能实现一个面向产业领域是服务中心、面向教育领域是实训中心、集"产教融合""创新创业"功能为一体的新商科专业群实训平台建设目标。

载体建设的基本原则是要使实训平台能够满足开展社会生产服务活动的要求，通过"引企入校"形成实训所需的项目与载体。首先，以产业分析为起点，分析产业链及其结构形态，以及在产业活动中存在的典型经营实体和服务项目；其次，选择适合"产教融合"的典型经营实体和服务项目，依据专业（群）建设与发展以及人才培养计划实施的需要，开展"引企入校"活动；再次，根据入校项目所适应的产业服务领域，以及开展生产服务活动的岗位需求，分析实训项目开展社会服务活动所产生的岗位设置要求，包括核心岗位群和基础岗位群、岗位任职专业要求以及岗位职数等内容；最后，根据专业群设置情况，以及达到岗位入职要求所应具备的专业教育水平状况，解析实训平台生产服务性运作所提出的专业支撑计划，包括支撑主业活动的主体专业和支撑项目运行的辅助专业两个部分。

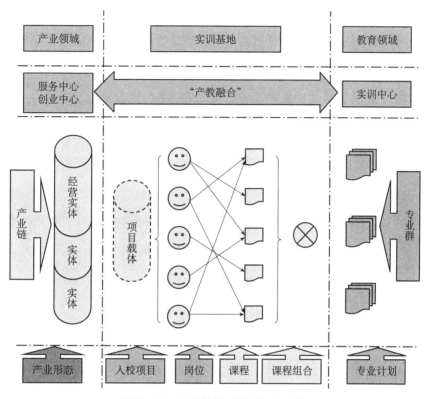

图 7 – 12　实训基地建设目标与功能

（三）功能建设：形成"三个中心"

实训平台建设中，以运作真实项目而构建的项目载体，有利于营造职场氛围和引企入校，有利于发挥其面向社会的"服务中心""创业中心"功能。其建设路径如下。

1. 形成岗位（群）对专业教育的支撑，实现"实训中心"功能

实训平台中项目载体的业务运作，不仅对岗位运行提出了专业支持的要求，也为人才培养释放出了相应的实训岗位。通过专业教育的职业目标和培养方案，明晰人才培养的知识素养和专业技能要求；依据知识素养与专业技能的培养需要，提出实践教育的职业素养和岗位技能标准；按照职业素养和岗位技能标准，选择不同项目载体中的专业技能标准相似的岗位，形成支撑专业教育的岗位群，包括核心岗位和基础岗位。从专业教育对岗位支撑的要

求入手，通过形成专业教育所需要的岗位（群）支撑，来实现实训平台的"实训中心"功能。例如，在实训平台运行的各个项目载体中，都存在着商务服务岗和财务管理岗，这些岗位的集合，则形成了支撑电子商务专业、大数据与会计专业专业教育的实训岗位群。

如图 7 - 13 所示，上述建设活动的最终目的，形成一个以新商科岗位群为核心，对各专业开展实训、服务和创业活动能够给予有效支撑，实现专业与产业对接、课程内容与职业标准对接、教学过程与生产过程对接的综合型实训平台。

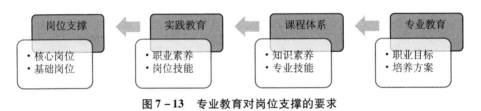

图 7 - 13　专业教育对岗位支撑的要求

2. 形成新商科专业群对岗位运行的支撑，实现"服务中心"功能

从岗位运行对专业支撑的要求入手，通过岗位分析明晰其工作领域和工作任务；按照完成岗位工作任务应具备的职业素养和岗位技能标准，解构课程体系；依据知识素养与专业技能的培养需要，提供相应岗位的专业支撑。众所周知，在项目载体的真实项目运作中，完成一项业务活动，不仅需要有与核心岗位相对应的主体专业支撑，也需要有与基础岗位相对应的辅助专业支撑。例如，学校与顺丰集团共建的科技学院顺丰店项目运作，不仅需要店长和收派员（现代物流管理专业支撑），也需要出纳员（大数据与会计专业支撑）等岗位人员，如图 7 - 14 所示。

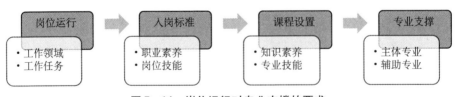

图 7 - 14　岗位运行对专业支撑的要求

因此，围绕着实训平台中项目载体的业务运作，通过形成岗位运行所需要的专业（群）支撑，来实现实训平台的"服务中心"功能。

3. 形成"机构+载体"的"产教融合"机制，实现"创业中心"功能

互联网+创新创业时代下，深化产教融合、促进校企合作是创新创业教育改革与发展的重要途径。学校创新创业教育，从创业思考与行动开始，到创业素质认知、创业项目设计与选择、创业团队组建、创业项目分析、市场调研、产品设计与创新、商业模式设计、市场营销及创业融资，是一个完整的流程。让学生通过一个商业计划感知创业过程，了解公司架构与创业团队管理，掌握商业计划写作与项目分析，训练市场调研，产品设计与创新，商业模式设计等创业技能以及创业融资能力，并最终完成从创业管理基础+创业技能训练+创业项目孵化+创业公司实战的创新创业全过程。按照"机构+载体"建设"创新创业孵化中心"，内容涵盖创新创业教学部、创新创业能力训练部、创新创业指导部和创业孵化服务部。开设创新创业教育通识课程、培养创业导师；针对具备潜质的学生开展专门创业教育与实践活动，承接创新创业培训任务；参加各类创新创业比赛活动；开展创新创业研究，推动创新创业人才培养模式改革，努力提升学校创新创业教育的专业化水平，如图 7 - 15 所示。

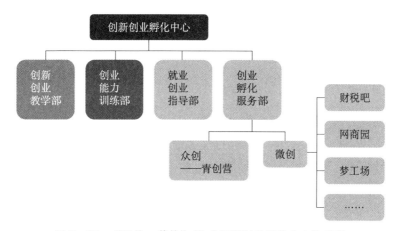

图 7 - 15 "机构+载体"的"创新创业孵化中心"架构

打造创新创业实践平台——"众创+微创"，推进以无锡高新区大学生创新创业园区为"1"的综合性"众创空间"，以专业群创新工作室、创业工作室为"N"的专业性较强的微小型"创客空间"一点多面立体化的创新创业平台网络。通过"园区和学校搭台、企业入驻、合作育人、协同创新"

的模式，本着"互尽所长、互补所需、共同分担、共同受益"的原则，打造集创意创新、实习实训、创业孵化、综合服务为一体的大学生创新创业基地，提供创新创业岗位 100 多个。

四、专业群实践教学体系建设的内容

在实践中，专业群秉承虚拟、仿真、共享和开放等理念，对校园内实验教学基地、校外实训基地等场所进行整合，根据群内各专业特点及发展实际，做好与行业内知名企业的联动与合作工作，与企业、行业协会等组织建立各种伙伴关系，协同开展新商科专业群实践教学体系建设。以期通过产教深度融合、政校企深度合作等途径，建设共享性、开放性的实训基地，为专业群人才培养质量的提高赋能，进而为区域经济发展储备人才。

新商科专业群按照江苏省产教融合实训基地的建设要求，围绕"认知实训—仿真实训—孵化实训—岗位实习"四级阶梯的实践教学体系，通过校企共建以"合营安排"为体制、以"协同育人"为机制的"空港产业学院"，建设具备"实训、服务、创业"三大功能的"商务信息实训中心""物品流通实训中心""财税金融服务中心""创新创业孵化中心"四大校内实训中心。

（一）全力建全校内实训基地

基地通过引入企业真实跨境电商项目任务（图片美工、数据分析和视频剪辑等），参照合作企业的"责任目标管理"和"岗位目标管理"等制度文化，制定实践任务目标和考核标准，按照电商相关岗位技能要求进行考核，以小组团队的成绩计入学生 PU 分，训练学生精湛的职业技能和团队合作职业素养。

在无锡易然科技有限公司科院跨境电商项目部，由校企联合实施"跨境电商运营＋产品性能体验＋企业文化熏陶"设计原则。在实训室楼道布置职业素养标语、行业发展前景等，内部墙面悬挂企业文化及管理制度、跨境电商实习项目任务操作流程、优秀实习学生奖状，打造高度仿真的工作场景，让学生进入实训基地时就感觉是进入了真实企业的工作环境，培养学生的归属感。布置"样品展示及体验区"，以便学生熟悉产品性能参数，提高产品知识储备，培养"运营技能＋产品属性"职业思维。校内实训基地如表7－10所示。

表7－10　　　　　　　　　　　　校内主要实训室一览表

实训中心	实训室	主要实训项目
商务信息服务中心	视觉设计实训室	数字创意设计、视觉表现与实践
	跨境电商实训室	平台运营、商品选品、客户服务、网络贸易等
	商务数据分析实训室	商务数据分析、数据可视化实训等
物品流通实训中心	仓储管理实训室	智慧仓储实训、配送管理实训、物流综合实训等
	物流沙盘实训室	物流沙盘实训、物流市场调研分析实训等
	物流仿真实训室	物流仿真实训、物流营销策划实训等
财税金融服务中心	云代理记账实训中心	会计基本技能实训、会计信息化综合实训等
	财税一体化综合实训中心	财税一体化实训、财务数据综合实训、财务共享服务业务实训等
创新创业孵化中心	易然现代学徒制实训中心	易然现代学徒制实训项目
	VBSE创新创业实训中心	VBSE创新创业实训等
	电子商务众创空间	创业辅导、项目开发与对接、创业孵化等

（二）倾力建实校外实训基地

本专业群与"空港产业园""空港跨境电商产业园"和综合保税区内的龙头、骨干企业建立了紧密的合作关系，逐步形成了专业对口、层次分明的校外实习实训基地群。校外实训基地是校企双方在人才培养、课程共建、教材开发、课题研究和文化建设方面的合作平台，并成为学生岗位实习、就业和专业教师企业实践、兼职教师聘任的首选企业，促进了学校与校外实训基地单位共同发展。本专业紧密型校外实训基地情况如表7－11所示。

表7－11　　　　　　　　　　　　校外主要实训基地一览表

园区	校外实训基地	主要合作项目
空港产业园	无锡空港物流实训基地	嵌入式培养、学生岗位实习、毕业生就业、兼职教师聘任、专业教师企业实践等
	苏宁物流实训基地	嵌入式培养、学生岗位实习、毕业生就业等

续表

园区	校外实训基地	主要合作项目
空港跨境电商产业园	易然科技跨境电子商务运营实训基地	人才培养、课程开发、学生岗位实习、毕业生就业、专业教师企业实践等
	泛亚信息SEO实训基地	人才培养、课程开发、学生岗位实习、毕业生就业基地、兼职教师聘任、专业教师企业实践等
	跨境中小企业商会实训基地	嵌入式培养、学生岗位实习、毕业生就业等
	慕研数据分析实训基地	嵌入式培养、课程开发、学生岗位实习、毕业生就业、兼职教师聘任、专业教师企业实践等
综合保税区	顺丰速运实训基地	嵌入式培养、课程开发、学生岗位实习、毕业生就业、兼职教师聘任、专业教师企业实践等
	易联实训基地	课程开发、学生岗位实习、毕业生就业等
无锡·感知中国会计服务示范基地	无锡航信实训基地	人才培养、课程开发、学生岗位实习、兼职教师聘任、专业教师企业实践等
	信用行科技实训基地	嵌入式培养、学生岗位实习、毕业生就业
	江苏悦通会计师事务所实训基地	嵌入式培养、学生岗位实习、毕业生就业、专业教师企业实践等

新商科专业群实训基地建设以服务高新区为基础，结合现代服务业结构调整情况，对政行企校资源进行整合利用，提高专业群人才培养质量赋能，为高新区企业高质量发展储备人才的同时，推动高新区经济发展，以更好地实现高新区产业转型升级，为无锡市经济稳定、高质量发展储备人才资源。

第七节　构建专业群第二课堂协同育人体系

新商科专业群落实立德树人的根本任务，夯实第一课堂教学质量，主动将第二课堂融入人才培养方案，通过组建专业群社团"商创社"、专业群技能竞赛团队和创新创业项目团队深化第二课堂教育教学改革，持续打造第二课堂教育教学升级版。一方面，打破两个课堂壁垒，实现第一课堂和第二课堂互动互补、互相促进。另一方面，以第二课堂可视化，激发学生参与社团或竞赛的积极性，提升自身素质，引导他们强化自我管理和自我服务。

一、育人载体创新：组建专业群社团"商创社"

专业社团作为高职院校学生社团的一个类型，以该专业群学生为主体，其他专业学生自愿参与组建而成的学习型组织，一般依托相关专业或者学科而成立，是高职人才培养重要的抓手。随着新商科快速壮大发展，时刻都有新信息、新技术和新服务的产生，专业同学想掌握更多行业动态，非专业同学希望对新商科有进一步了解，商创社由此应运而生。

（一）树立"职业性"社团管理理念

高职院校的专业性学生社团在学生培养过程中体现高职院校特色，社团管理中突出"职业性"的社团管理导向。所谓"职业性"，即以高职院校的社团为实践平台，与高职院校的培养企业和培养方向有效对接。社团的活动既面向企业、面对高职学生的职业生涯，又充分利用实践活动对专业技能提升，提高高职学生的创新创业能力。

为满足创新创业的趋势，学生社团管理理念进一步创新，体现"创新创业"理念，突出"职业性"为导向的管理理念。社团管理中参考和借鉴企业的管理模式，采取多种形式将社团服务项目活动市场化，形成完善的人力资源、社团品牌建设管理体系等。学生通过社团的平台，了解直接面向社会及市场的需求，进而有针对性地提升职业素养；同时在培养学生、服务企业的过程获得一定经济收益，持续地培养学生的创新创业意识和能力。

（二）建立"企业化"社团运营模式

社团的"企业化"运作是一种新颖的管理模式，把社团作为一个企业进行管理，企业的产品或服务就是社团的各项活动。利用社团成立的基础和管理特点，借鉴企业先进的管理理念，融入社团组织和管理，培养学生的创新创业能力，引领学生的职业方向。在这个过程中，社团可以从社会、学校吸取必要的帮扶赞助，灵活的开展社团组织和管理活动，模拟企业实行独立的经济核算，优化社团人力资源管理，塑造和提升社团品牌。

与企业管理相同的是，社团的创新管理有盈利性、群众性、品牌型等特点。盈利性：社团开展盈利性目标活动，引导社团的学生开展创业活动，提升团队成员的能力，通过不断地经营活动进而获得经济收益，社团得到可持续的发展；群众性：体现成员的全员参与性，提升整体的团队水平和能力；品牌型：将品牌战略作为企业市场竞争的重要手段之一，社团参照企业的管理模式，树立、强化品牌意识，扩大社团的影响力，积极申报各级管理机构荣誉奖项，实现社团可持续发展。

（三）打造"互联网＋社团"的网络实践平台

将传统的网络平台，例如天猫、京东、淘宝、唯品会等作为学生的网络实践平台，培养一大批的创新创业学生。当前，互联网已经成为人们特别是大学生的"生活必需品"。随着网络平台和技术的飞速发展，微信、微博等新媒体的出现，"互联网＋"对于培养学生创新创业的激情和作用更为重要，与传统的网络平台形成了有益的互补，体现了不同学生对不同要求、不同方式、不同途径、不同层次的创新创业需求。

（四）组建"区校一体"的商创社团队

商创社由专业群电子商务专业学子发起成立的，聚齐了一大批具有扎实的电子商务相关专业基础和爱好的小伙伴，受高新区团委和学校团委指导，学生社团联合会服务和管理的学术科研类社团。社团秉承将理论运用于实践的宗旨，引导学校学生电子商务创业热情，推动电子商务教育教学理论与实践齐头并进。

商创社下设美工部、直播部、数据分析部和宣传部。美工部主要负责社团的美工创意、设计和网站页面的美化、配合策划人员进行相应的 PPT 等制作；负责社团平面宣传品的设计；制作相关广告、图片、动画、海报、LO-GO 及 PPT 美化；做好部门各类图片信息和主题资料的收集、整理和归档工作；协助线上编辑、线上优化宣传社团网站专题和线上美工工作；为社团提供专业美工技术支持。直播部主要负责选择直播产品；学习直播话术并学习写直播文案；练习直播，拍摄直播视频，提升口语能力、表达能力和控场能力。数据分析部主要负责从产品本身、竞争产品、行业等方面收集数据，并用文字、图表呈现数据。宣传部负责筹备各项活动和大赛的宣传和报名工作，并配合其他部门活动，并在活动中做好记录，在活动完成后做好宣传。通过运行，社团人数规模已达 65 名，平均每个成员获得各项专业竞赛证书 6

张以上，学院国家奖学金、省优秀学生干部和市三好学生等荣誉称号获得者都在商创社，在提升学生的创新创业能力、有效融入社会方面起着积极的作用。

二、育人服务创新：组建专业群技能竞赛团队

技能竞赛作为我国职业院校教育的重要创新举措，在职业院校教育改革过程中，推动了产学研融合，促进了学校和企业的长期合作，给专业群建设提供了相互交流的平台，增加了专业对于学生的吸引力，为教师和学生展现自我、实现梦想提供了平台。

当前，很多高职院校已经将技能竞赛纳入教学方案中，鼓励学生积极参加技能竞赛，让学生学习多种职业技能，获取技能等级证书，增加参赛经历，提高荣誉感，从而提升就业创业能力。作为提升学生专业技能的竞赛，必须要紧跟时代的脚步，明确自身定位，着力于培养技术技能型人才。因此，新商科专业群以技能竞赛为基础，打破专业界限，根据专业群学生爱好和特长组队，打造具有新时代特色的以赛促学专业团队，从而快速提升专业群学生专业综合素养，为学生毕业后迅速融入工作环境打下坚实的基础。

（一）大数据与会计竞赛团队

大数据与会计竞赛团队聚焦业财税融合数字化转型发展新方向，以业财税融合场景化综合能力提升为出发点和落脚点，以知识导向和场景导向融合发展为发力点，引领财经教育转型发展。该团队经过 10 多年的精打细磨，在指导老师带领下获得全国高职院校职业技能大赛三等奖 1 次，江苏省高职院校职业技能大赛一等奖 2 次、二等奖 5 次。同时，在会计类行业赛项中，先后获得国家级一等奖 5 次、二等奖 3 次，省级奖项若干。

（二）电子商务竞赛团队

电子商务竞赛团队主要围绕真实网店运营中的网店开设装修、数据分析、直播和沙盘运营等模块，全方位检验参赛选手的电子商务综合能力。该团队经过 6 年的磨炼，在指导老师的带领下获得江苏省高职院校职业技能大赛二等奖 3 次、三等奖 3 次。同时，在江苏省直播电商大赛和无锡市直播电

商大赛等行业赛项中获得二等奖 5 次、三等奖若干次。

（三）跨境电子商务竞赛团队

跨境电子商务竞赛团队主要围绕职业教育国家教学标准要求、跨境电子商务新业态的进出口业务真实工作过程任务要求和企业生产现实需要，设置跨境电子商务的数据化选品、图片与短视频视觉营销设计、店铺商品发布、跨境电子商务数据化运营、跨境电子商务直播海外推广、跨境电子商务运营数据分析与应用、跨境电子商务物流方案设计、跨境电子商务税费策划、跨境电子商务通关操作、跨境电子商务客户服务等典型工作任务，全面考查选手的专业核心能力、管理意识、合规意识、成本意识、风险意识、服务意识、劳动意识等职业素养，检验学生的逻辑思维、协作沟通、时间管理、数据分析、业务运营、创新创业等综合能力。该团队经过 3 年的高强度训练，在指导老师的带领下获得江苏省高职院校职业技能大赛二等奖 1 次。同时，在全国三创大赛跨境电子商务赛项中获得省赛一等奖 2 次，二等奖若干；在跨境电商行业协会举办的各项大赛中，获得国家级一等奖 2 次，其他奖项若干。

（四）市场营销竞赛团队

市场营销竞赛团队主要围绕数字营销、方案策划以及情境营销三大模块，重点考察学生市场分析、数字化运营、营销策略制定等市场营销核心技能，全面考验学生团队合作、知识运用、思维创新等综合能力。该团队经过多年的训练，在指导老师的带领下荣获江苏省高职院校职业技能大赛一等奖 1 次，其他奖项若干。

三、育人平台创新：组建创新创业项目团队

（一）互联网＋创新创业大赛

中国"互联网＋"大学生创新创业大赛是由教育部、中央网络安全和信息化领导小组办公室、国家发展和改革委员会、工业和信息化部、人力资源和社会保障部、国家知识产权局、中国科学院、中国工程院和共青团中央共同主办的创新创业赛事。

专业群申报的《藏香非遗文化＋电商直播新零售》项目获得江苏省互联网＋大学生创新创业大赛二等奖。该项目基于电子商务专业学生家中的藏香业务开展实战，通过线上线下相互融合，多渠道传播非遗文化，体验藏香非遗文化，在校运营 1 年，完成订单数 30 527 单，成交件数 44 589 件，成交金额 110 075 元，打造了"贫困家庭脱贫"公益平台，创新了"新零售＋非遗"生态模式，实现了非遗传承、脱贫攻坚和民族团结。

（二）挑战杯创新创业大赛

"挑战杯"中国大学生创业计划竞赛由团中央、教育部等单位于 1999 年联合发起，每两年举办 1 届，迄今已成为国内大学生最关注的全国性创业赛事之一。

专业群申报的《标本之魅，生活之美》团队斩获全国金奖。该项目致力于生态情景标本的制作与销售，通过东部标本文化西输，西部特有物种东展的方式，达到弘扬传统文化，保护非遗项目以及保护野生动物，构建人类命运共同体的愿景。团队师生经过上百次的 PPT 打磨、讲稿修改，字斟句酌、精益求精的反复演练，用自己的努力展示了"勇于创新、敢于创业"的精神，完美诠释了"奋斗的青春最美丽"。

（三）众创空间创业平台

学校专门设置了众创空间和青创营两个创新创业基地，占地面积 4 000多平方米，投入 200 多万元，为专业群学生创业提供了优越的环境，具体如表 7 - 12 所示。

表 7 - 12　　　　　　　　　　专业群众创空间

名称	地点	面积（平方米）	功能
报告厅	A 楼 1 楼	900	项目路演
青创营	图书馆 1 楼南侧	615	创业项目运营
创新创业通识教育、实践教育基地、创业园	I 楼 3 楼 - 5 楼	2 879	跨境电商创业项目孵化

通过专业群师生的共同努力，先后申获了无锡市科技局的《电子商务众创空间》，无锡市人社局的《大学生创业园》，无锡市教育局的《无锡市职业院校创新创业教育重点项目》。

（四）江苏省大学生创新创业训练项目

专业群为加强各专业学生实战技能训练，开展了大学生专创融合的双创教育，近 5 年获得江苏省大学生创新创业训练项目 9 项，培育大学生电商"双创"企业 50 余家，带动就业成效显著，激发了在校大学生"双创"澎湃新动能，为在校大学生提供了自主创业的资金支持与平台支持，解决了近百名毕业生实习就业问题。具体如表 7 – 13 所示。

表 7 – 13　　　　　　　　　　专业群大学生创新创业训练项目

序号	项目名称	项目主持人	导师姓名
1	基于 Shopee 平台的东南亚跨境电商创业实践	王×、刘×	马×
2	艺钧 PPT 专业设计室	张×	黄×、丁×
3	乐享校园 App 设计应用	朱×、张×	蒋×、徐×
4	基于"互联网＋私人定制"背景下大学生"微商"创业模式的研究	唐×	王×
5	无锡地区农村电商行业发展模式探究——以万石镇为例	皋×、张×	白×
6	"易招聘"直播求职平台	周×	刘×、曹×
7	网上读书会创新创业实践项目	彭×、韩×	周×
8	科院品牌专业毕业生的调查与分析	魏×、张×	杨×
9	科院智教大学生综合服务平台的建设与运营	王×、李×	薛×

近年来，新商科专业群积极探索多维协同、内外衔接的第二课堂育人体系，丰富育人载体，整合协同育人资源，强化育人保障，因事而为，因时而进，因势而新，培养了一批又一批信念坚定、视野开阔的青年人才，助力无锡高新区现代服务业高质量发展。

第八章　做实产教联盟：新商科人才"区校一体"培养的举措

国务院在《关于深化产教融合的若干意见》中强调了产教融合的重要性，以及需要全面提升人力资源质量；同时推动学科专业建设中提到"适应新一轮科技革命和产业变革及新经济发展，促进学科专业交叉融合"，商工结合与产教深度融合的思想应运而生。科学技术的快速发展促使人类社会在国际政治、经济和产业等方面发生了深刻变化，整个世界正面临着百年未遇之大变局，以往商科教育模式弊端已显现，教育转型升级迫在眉睫。

在全国教育大会上，提出了"四新计划"，也就是高校要全面建设工、农、文、医四个学科专业的全新改革体系。作为新文科的重要组成部分，探索在新时代如何建设新商科是商科教育工作者的重要使命，新商科建设在人才培养、能力提升和人才素质等方面提出了新的要求。这些新要求必然要求对传统的商科教育进行彻底改造，在教学内容、教学手段、学习模式和人才培养模式上进行探索和创新。

2020 年政府工作报告提出，为促进外贸基本稳定，要加快跨境电商等新业态发展，2018 年 7 月 13 日无锡成功获批国家跨境电商综合试验区。为加快推进中国（无锡）跨境电子商务综合试验区建设，无锡科院牵头成立中国（无锡）跨境电子商务综合试验区人才培养产教联盟，搭建政、行、企、校多元主体协作治理平台，建立教育与产业对接协作机制，提高无锡跨境电商人才培养质量，推动无锡跨境电商产业高质量发展。

本章主要以中国（无锡）跨境电商综试区人才培养产教联盟为载体，针对地方高职院校新商科人才培养的核心举措——人才培养产教联盟进行深入探讨。

第一节 产教联盟的建构要领

一、产教联盟的内涵诠释

跨境电子商务作为一种新的商务业态，已经成为新常态下培育经济增长新动力、创新国际贸易新方式的重要途径。2018 年 7 月无锡成功获批国家跨境电商综合试验区。随着综试区成功创建，无锡市跨境电商发展步入了重要机遇期。为将跨境电子商务产业打造成为无锡市高质量发展的重要引擎，鼓励支持以跨境电商龙头企业主导建设"以产为主"、以在锡高校主导建设"以教为主"的跨境电商人才培养体系，根据《无锡市"十三五"教育事业发展规划》和《中国（无锡）跨境电子商务综合试验区实施方案》精神，经无锡市商务局同意，成立"中国（无锡）跨境电子商务综合试验区产教联盟"（以下简称"产教联盟"）。

"产教联盟"是在"中国（无锡）跨境电子商务综合试验区"指导下，结合跨境电商产业需求和人才教育体系建设需要，以《中国（无锡）跨境电子商务产教联盟章程》为共同行为规范，以产业与教育互动发展为根本，以人才培养为核心，组成的跨境电商产教联盟性质的行业性组织。

二、产教联盟的结构化支撑

产教联盟实行理事会制，设立理事会和秘书处。理事会是产教联盟最高权力机构。理事会设立会长、副会长、常务理事单位、理事单位，任期为一年。理事会下设秘书处，负责日常联络、宣传和组织等工作。产教联盟秉承"跨界、融合、创新、协作、共赢"的原则，建立教育与产业对接协作机制，提高无锡市跨境电商人才培养质量，推动无锡市跨境电商产业发展。

　　联盟由无锡科院牵头，主要通过校校合作、校企合作和校会合作等组建模式，邀请和吸纳电子商务企事业单位、开办电子商务专业的院校、行业协会和龙头企业加入联盟。第一，校校合作。联合江南大学、南京信息工程大学滨江学院、无锡太湖学院、无锡职业技术学院、无锡商业职业技术学院、江苏信息职业技术学院、无锡城市职业技术学院、无锡工艺职业技术学院、江阴职业技术学院、无锡南洋职业技术学院、太湖创业职业技术学院、江南影视艺术职业学院、江苏省锡山中等专业学校和无锡立信高等职业技术学校14 所在锡中职、高职和本科院校开展深度合作。第二，校企合作。在锡院校和跨境电商平台企业、跨境电商龙头企业开展深度合作；第三，校会合作。在锡院校和无锡市电子商务协会、无锡市跨境网商协会、无锡跨境电商中小企业商会开展深度合作，建立有示范引领作用的高水平产教联盟样板体系。

三、产教联盟的功能定位

　　为促进联盟由理想变为现实，产教联盟形成了一套具有开发区职业教育特色的服务内容。构建开放共享的跨境电商人才培养的信息交流平台、产教融合教学资源共建共享平台、社会服务对外合作平台和人才供需综合服务平台；鼓励高校开设跨境电子商务专业、增设相关专业课程，建立跨境电商人才定制化培养的校企合作机制；指导建立一批符合跨境电商企业需求的创业型和实用技能型人才培训基地，构建跨境电商专业化、社会化、国际化的人才培养体系；按照跨境电商企业岗位需求，推进跨境电商教师队伍建设，开展跨境电商师资培训班；组织开展跨境电子商务及其产业化发展战略研究，探讨"联盟"建设过程中遇到的重要理论问题，并协助解决实践中存在的问题；建立跨境电商职业技能竞赛平台。组织无锡市跨境电商创新创业大赛，鼓励教师、学生、企业员工参赛竞技，提升跨境电商职业技能水平；争取政策倾斜和项目支持，营造成员单位良好发展环境；总结"产教联盟"建设与改革、人才培养和教学研究的经验，并为各产教联盟成员单位的课程设置、教材选用、实训基地建设、现代教育技术手段应用和师资队伍建设等基础工作提供指导与咨询，实现了协同育人的功能性互补。

四、产教联盟的服务体系

(一) 构建无锡市跨境电商人才供需平台

1. 明晰无锡市跨境电商人才需求

在市商务局的指导下，在无锡市电商协会等商协会、跨境电商平台企业和产业园的支持下，发起"跨境电商人才需求调查问卷"，开展"无锡市跨境电商人才需求调研活动"，结合商务部、全国跨境数字贸易共同体等跨境电商行业权威机构报告，猎聘、智联招聘等人力资源行业报告，了解无锡市跨境电商行业规模现状、岗位及薪酬结构、招聘需求等情况，科学合理预测跨境电商人才需求，撰写《无锡市跨境电商人才需求调研报告》，推动"政行企校"协同育人，为企业培育"用得上、留得住"的实战型人才。

2. 召开无锡市跨境电商人才培养座谈会

回应当下无锡市跨境电商企业人才需求，在商务局、人社局、教育局指导下，邀请商协会、企业代表、在锡院校召开跨境电商人才培养培训座谈会，交流人才培养经验。

3. 举办无锡市跨境电商人才双选会

落实跨境电商专业人才培育工作，聚焦行业发展和企业需求，交流探索并推动产学融合创新，通过政府、院校、协会和企业等多方合力，创新人才培养模式，打造优质生态环境，拓宽在锡院校学生的实习、就业渠道，助力企业实现境电商人才精准对接，举办无锡市跨境电商人才双选对接会。

(二) 构建无锡市跨境电商人才培训平台

1. 明确无锡市跨境电商培训项目

对标无锡市"跨境电商 + 产业带"发展模式，紧扣"一区一产业"发展规划，走访电商协会、产业园区、公服平台、参训企业和在锡院校等单位，发放"无锡企业跨境电商培训需求调研问卷"，分析企业共性的孵化培训诉求，对接亚马逊、阿里和 TK 等平台，创新培训模式，落实培训项目，制定培训方案，举办无锡市第九届跨境电商创新创业大赛暨短训班启动仪式。

2. 评选无锡市跨境电商实训基地

走访无锡市跨境电商实训基地，了解各实训基地优势与特色，加强跨境电商专业和课程体系建设，深化实践教学模式改革，提高师资队伍综合素质和学生实践技能水平，为无锡市跨境电商高质量发展提供人才支撑。

实训基地的考核期为两年，对于无锡市跨境电商实训基地的好经验和好做法将进行宣传报道，对于不能按期验收的或考核不通过的实训基地，协助其确定合适的基地建设方向，争取后期考核通过。

3. 承办无锡市跨境电商师资培训

在市教育局指导下，强化在锡院校的跨境电商师资队伍建设、构建跨境电商人才培养体系，推进专业建设、课程开发、平台实战项目融入到跨境电商教学，举办"无锡市跨境电商师资研修班"，为无锡市跨境电商高质量发展提供强有力的智力支持和人才支撑。

4. 培育无锡市跨境电商校企合作示范项目

按照各区"一板块一特色"跨境电商品牌出海行动计划，鼓励各院校结合辖区内特色产业带转型发展需求，深化产教融合和校企合作，通过"引校入企"或"引企入校"等方式，实现人才培养定位与区域经济发展对接，打造适应地方产业带发展需求的人才培养体系，培育无锡市跨境电商校企合作示范项目，共同为特色跨境电商产业带发展提供人才支撑和智力支持。

（三）构建无锡市跨境电商人才服务平台

1. 服务长三角跨境电商行业发展峰会及交易会

按照"立足专业，服务产业"的思路，积极构建"技能＋"志愿服务新模式，打造"校内＋校外"人才培养新阵地，探索"志愿精神＋思政教育"新路径，依托党员教师和青年学生两支队伍，承担长三角跨境电商行业发展峰会及交易会期间的志愿服务工作，充分调动学生努力学习专业知识的积极性，提高学生服务区域产业发展的主动性。

2. 举办无锡市跨境电商创新创业大会

举办无锡市跨境电商创新创业大会，总结每年大赛成果，引导无锡市跨境电商企业将转型过程中的经验和得失，分享给更多的产业链上下游合作企业，实现相互协同、跨界合作，共同推进跨境电商行业发展。

3. 承办全国跨境电商综试区职教集团年会

充分发挥全国跨境电商综试区职教集团副理事长作用，承办年会，发挥职教集团的平台和纽带作用，整合优势资源，促进政行企校协同育人，共同创建跨境电商命运共同体，为跨境电商人才培养、跨境电商产业发展和社会经济发展深度赋能，共同谱写现代职业教育高质量发展的新篇章。

第二节　产教联盟的共赢蓝图

产教联盟在政、行、企、校四方联动下，深耕无锡市跨境电商领域，通过长期的人才培养和"外溢"，既搭建了人才供需平台，不断培养和输送人才，又驱动了无锡市跨境电商产业升级的正向循环，探索了人才培养长效机制，践行了人才协同培养使命，产教融合绘出多方共赢跨境电商蓝图。

一、构建人才供需命运共同体

通过打通跨境电商人才引培需求端，构建跨境电商专业人才培养供给端。结合无锡产业带特征和企业跨境业务现状，通过跨境电商学徒制班、孵化基地等形式，为 600 余家企业和在锡本科、中高职院校提供店铺注册、选品调研和营销推广等一站式跨境电商孵化培训。通过孵化培育，使无锡市跨境电商专业人才培养步入发展"快车道"。

（一）成立"跨境电商学徒制班"

联合无锡市跨境电商龙头企业，成立"跨境电商学徒制班"。通过现代学徒制方式，在多岗轮动和多师傅带领下，按照项目化实施特点进行人才培养，对学生实施"学生→学徒→员工→项目负责人"四位一体，循序渐进的教学组织，通过校内外实训基地和企业跨境电子商务真实项目为依托，实现跨境电子商务定制化人才的培养，校、企双方共同培养适合跨境电商岗位要求的高素质、高技能人才，缩短学生入职适应时间，提高学生就业后的稳定率。

（二）打造"跨境电商实战孵化基地"

对接 Shopee 跨境电商平台及孵化机构，实施 Young 帆计划，为 2021 级和 2022 级跨境电商学生提供真实店铺及账号，赋能 ERP 软件、货源组织和跨境直播等教学资源支持，对孵化培训合格的学生开展 Shopee 证书考证工作，面向无锡跨境电商企业实习及就业推荐。组织学生参加 Shopee 杯全国跨境电商双创赛，荣获华东赛区一等奖、三等奖、全国跨境电商直播大赛三等奖。学校在人才培养、竞赛获奖和实习就业的成效，被 Shopee 平台授予跨境电商实战孵化基地。

（三）招收"跨境电商专业留学生"

自 2021 年，学校面向印度尼西亚等"一带一路"共建国家招收 3 届跨境电商专业留学生。围绕"一带一路"倡议下跨境电商人才的需要，结合印度尼西亚留学生学习能力背景，从"来华留学人才筛选—跨境电商专业体系建设—就业创业引导"构建来华留学生跨境电商人才培养方案。

对于独立成班的来华留学生，鼓励通过跨国文化分享、专业讨论的方式与中国学生互动，促进相互交流与合作；对于与中国学生混合成班的培养模式，采取案例分享、联合构建跨境电商交易模式的教学方式，引导来华留学生与中国学生共同合作承担学习任务。结合印尼留学生的语言优势，对接 Shopee 平台及孵化机构，创建适合"一带一路"共建国家跨境电商教学体系。通过国内学生和留学生联合运营 Shopee 店铺，开展"店铺运营 + 跨境直播"教学，双向提高国内外学生的跨文化交流和专业实践技能。

（四）助力"长三角跨境电商峰会"

学校把思想教育工作贯穿于教育教学全过程及学生成长成才全过程，将"奉献、友爱、互助、进步"志愿精神融入育人育德教育使命中，以每年"长三角跨境电商行业发展峰会及交易会"为契机，让不同年级学生在校期间得到不同程度的锻炼。同时，组建跨境电商直播学生团队，参与"锡品卖全球"跨境电商直播带货活动，通过直播带货模式向世界推送无锡优品，将校内理论课堂与校外实践活动相结合，充分调动学生努力学习专业知识的积极性，鼓励学生创新运用知识，提高学生服务区域产业发展的主动性。

二、探索人才长效培养机制

联盟采用"政行企校"相融合的"4＋N"多元化校企合作模式，按照无锡跨境电商产业发展需求，与跨境电商协会和龙头企业开展多类型的校企合作模式。

（一）开发《无锡跨境电商人才职业技能标准》

围绕无锡跨境电商企业的行业属性、产品结构、平台类型和经营业绩等情况，通过深入细致的调研工作，分析无锡外贸企业跨境电商转型人才需求，并在遵循国家与行业相关标准的基础上，开展无锡市跨境电商人才职业技能要求技术规范的标准化研究，编制适合无锡特点的《跨境电商人才职业技能标准》，进而明确跨境电商人才的基本要求、工作要求、职业技能等级培训和考评管理要求，进一步指导无锡市跨境电商企业和人才工作的管理操作实践及市场外部机构开展评价提供技术依据。该文件填补了无锡市跨境电商人才职业技能标准的空白，有利于人才队伍的专业化和国际化水平的提升，对持续提升无锡市在跨境电商领域的领先地位，促进无锡市外经贸高质量发展具有指导意义。

（二）推动"引企入校"一体化人才培养

在合作共赢的原则下，联盟推动学校采用"引企入校"模式，将企业真实项目带进课堂，从教学环境、教师队伍和教学内容等方面着手，探索区校一体背景下新商科人才培养核心技术路线。第一，与泛亚信息技术江苏有限公司、无锡易然科技有限公司、无锡恒诺安贸易有限公司等单位合作，在校内共建实习基地，引入公司亚马逊美工、客服和直播等业务，校企协同育人。第二，与无锡市电子商务协会会长单位——江苏佳利达国际物流股份有限公司在校内共建学徒制班，将人才培养模式不断优化。学徒班以学校和企业共管，双方共同参与评价，提高学生的培养质量。第三，面向无锡传统外贸企业开展跨境电商职业培训，根据培训机构信誉、讲师资质和无锡跨境电商产业带发展需要等方面进行比对，在校内开设亚马逊班、阿里国际站、Tiktok班、Google独立站班和中国制造网班等培训班，推动无锡市跨境电商产业高质量发展。

（三）编制《无锡跨境电商人才培养案例集》

根据无锡市跨境电商企业的运营业绩和增幅情况等指标，每年挑选 10 家典型企业进行深入调研和实地访谈，编写《无锡跨境电商人才培养案例集》。从公司、产品、跨境电商历程、成功经验和未来业务规划等方面展开分析，引领带动无锡市跨境电商上下游产业加速融合。

三、践行人才协同培养使命

产教联盟围绕无锡市跨境电商人才引育工程，协同在锡院校、企业和协会多方资源，基于 CDIO 教育理念设计了一系列跨境电商实战项目，联合跨境电商服务链企业开发了一系列跨境电商工作岗位，根据无锡市家纺优质产业带优势设计了一系列跨境电商实践内容，根据企业销售爆品开发了一系列跨境电商实战项目，促进教育链和产业链的有机衔接。

（一）跨境电商实战项目设计：基于 CDIO 理念

将 CDIO 教育理念引入跨境电商课程实践教学，以学生为导向，充分考虑学生的发展需要，转变被动的教学方式，引导学生积极融入课堂，实现学生对跨境电商由感性认识到理性认识的转变，扎实掌握跨境电商专业技能，有效提高跨境电商课程的学习效果。

（二）跨境电商工作岗位开发：联合跨境电商服务链企业

结合校企合作单位的跨境电商业务情况、货源和供应链优势，联合 Shopee 平台官方认证培训机构杭州一堂课信息科技有限公司，校企联合进行跨境电商工作岗位的开发及实践教学内容的设计，以项目化的形式推进实际的教学实践，使学生的操作技能更符合实际工作岗位需求。

（三）跨境电商实践内容设计：发挥无锡市家纺优质产业带优势

依托 Shopee 平台互联网端资源，发挥无锡家纺企业的品牌和供应链优势，为校企合作发展跨境电商提供更具针对性和创新性的服务，助力开拓无锡制造的品牌影响力。

（四）跨境电商实战项目开发：借助企业爆款产品优势

为培养学生跨境电商运营岗位的实操能力，在项目实战环节，以校企合作企业的主打爆品为例，使学生全面系统地掌握该品类在跨境电商主要流程业务的操作技巧。在此基础上，学生分组独立完成企业跨境电商店铺运营操作，即选品调研—商品定价—图文美工—商品上架—店铺装修—物流发货，深化学生项目运营能力的培养。

第三节 产教联盟的实践特色——建设跨境
电商示范实训基地

无锡市为加强在锡高校、职业院校跨境电商实训基地现代化建设水平，对标职业标准、行业标准和岗位规范，提升人才培养的适应性和精准度，认定了 5 个跨境电商实训基地项目，8 个跨境电商实训基地培育单位，进一步完善了跨境电商人才引育机制，助力了无锡经济高质量发展。以下以中国（无锡）跨境电商综试区人才培养产教基地为例，分析跨境电商示范实训基地的建设情况。

一、跨境电商示范实训基地建设的时代背景

联盟围绕《中国（无锡）跨境电子商务综合试验区高质量发展三年行动计划（2022—2024 年)》，紧扣无锡传统外贸向跨境电商转型发展对中高级专项人才和技能型人才的需求，对标《全国高校跨境电商专业教学标准》，按照"政、行、企、校"多元协同、校内教学和社会服务并举的建设思路，聚焦校内"实训 + 实践 + 实习"教学练战一体化的人才培养模式，聚力校外"产业调研 + 企业培训 + 创新应用"产学研用一站式人才培训体系，建设"业内都认可、企业用得上、国际可交流"的产教融合型跨境电商实训基地。

（一）跨境电商示范实训基地的建设目标

一是对接跨境电商职业、行业标准要求，打造高校跨境电商人才培养的

蓄水池。在全国电商行指委的指导下，按照跨境电商职业和行业标准要求，紧贴企业岗位实际工作过程，构建校内外联动循环的跨境电商"理实一体"实践教学体系。

二是面向传统外贸转型跨境电商人才的需求，构建产业人才培训的磁力场。以"中国（无锡）跨境电商综试区人才培养基地"为平台，发挥跨境电商实训基地的外延效应，协同无锡跨境电商行业协会，联合制定面向无锡传统外贸企业的跨境电商职业培训标准和岗位规范，组织开展基于跨境电商平台运营方向为主的社会培训，提高企业职工掌握跨境电商岗位新技能，助力传统外贸企业拓展跨境电商新项目、新业态、新模式。

三是联动参训企业，赋能"产学研用"一体化服务。依托学校"无锡跨境电商产学研用创新中心"为平台，深度分析参训企业之间的行业类型、产品结构和跨境电商平台应用等共同属性和跨界融合，促进跨境电商和产业集群深度融合，推动无锡"跨境电商＋产业带"发展模式。

（二）跨境电商示范实训基地的建设规模

基地分为5个实训教室、4个实践工作室和2个实习基地，涵盖摄影摄像、图片美工、视频剪辑、数据分析、直播运营、店铺运营、跨境物流和客户服务等跨境电商业务流程的核心功能，既能满足校内实践教学需求，也面向社会提供社会培训、竞赛组织和技能鉴定等社会服务项目。

基地遵循"安全第一，预防为主"的方针，明确安全管理职责，增强安全防范意识。实行专人管理、专人负责，定期进行安全检查，实施"三确保"准则（门窗关闭、电源关闭、设备归位）。要求学生和社会学员使用实训设备过程中，牢记"三禁止"使用条例（超温、超时、超负荷），确保实训实习中的重要文件、数据、信息处于安全保护状态。学校每学期为实训室投入固定的运行经费，用于设备维护、软件升级和安全维护和日常管理工作。

二、跨境电商示范实训基地的运行模式

（一）"多元、协同、共治"的运行机制

基地建设采取"多元、协同、共治"的运行机制和过程管理制度，在市

教育局、市商务局等部门的指导下，联合跨境电商行业协会、跨境电商平台及孵化机构、产业园和龙头企业共建共享，按照《跨境电商实训基地合作共建章程》明确各成员单位的权力和义务，明确校外专家委员会等部门的职责；建立健全重要工作的集体协商与决策制度，畅通成员单位间的协商沟通渠道，实现统一规划、统一部署、统一实施；坚持校外专家论证和学校决策相结合的原则，执行科学规范的立项、建设与管理秩序，按照详细的方案进行操作，确保各项目按时间节点顺利完成。

（二）内培外引 + 产业教授的师资队伍

校企互派人员，拓展实训基地功能。一方面，采用内培外引方式，提高"双师型"教师比例，专业教师协同参与跨境电商人才培育，外延实训基地功能，集实训、实践、实习、培训与研发等功能于一体，每年组织校内 3 ~ 5 名教师赴恒诺安等合作企业按照"访问工程师"的形式进行挂职锻炼，参与企业阿里国际站店铺运营、AI 和 ChatGPT 等新技术运用。另一方面，聘请江苏省产业教授、无锡易然科技有限公司总经理为基地校内外专家委员会主任和专业建设专家组组长，联合推进校内基地建设和实践教学体系搭建；总经理助理常驻校实训基地并担任跨境电商项目运营经理，指导学生开展跨境电商实习工作。

校外，聘请跨境电商平台认证讲师、杭州壹堂课信息科技有限公司总经理等作为企业导师，联合开展 1 + X 跨境电商职业技能证书考证和赋能学生 Shopee 店铺注册、数据选品和店铺运营等一体化的实践指导；聘请无锡恒诺安贸易有限公司总经理作为企业导师，为学生提供职业生涯规划指导和跨境电商竞赛指导；校企双导师共同担任无锡市跨境电商社会培训讲师，为无锡传统外贸企业提供跨境电商一站式孵化培训。

（三）"实训、服务、创业"三大功能的跨境电子商务运营中心

按照江苏省产教融合实训基地的建设要求，围绕"认知实训—仿真实训—孵化实训—岗位实习"四级阶梯的实践教学体系，通过校企共建以"合营安排"为体制、以"协同育人"为机制的跨境电商实训基地，建设具备"实训、服务、创业"三大功能的跨境电子商务运营中心，拥有坚实的实体资源与数字化资源。

在硬件资源方面包括，校企共同打造的校内实训室基地总面积达 1 500 平方米，电脑、直播设备和商品拍摄设备等仪器设备资产总值达 428.9 万元，如表 8 - 1 所示；校外实训基地 5 个，总面积 850 平方米，生均实训面积 7.83 平方米/生，如表 8 - 2 所示。在数字化资源方面，校企联合开发资源库、实训平台，以及视频资源、课件、数据资源、在线课程和企业项目案例等。

表 8 - 1　　　　　　　　　　校内主要实验实训室一览表

序号	实验实训室名称	主要实训项目
1	跨境电商产学研用创新中心	跨境电商选品分析、撰写选品调研报告
2	学徒制跨境电商实训基地	跨境电商运营实战
3	跨境电商直播工作室	跨境脚本撰写、跨境直播实践
4	跨境电商美工工作室	图片拍摄、图片美工设计及处理
5	跨境电商短视频实训室	短视频文案撰写、短视频剪辑

表 8 - 2　　　　　　　　　　校外主要实训基地一览表

序号	基地名称	主要合作项目
1	易然科技跨境电商实训基地	学生岗位实习基地、毕业生就业基地、学徒制点班
2	恒诺安跨境电商实训基地	学生岗位实习基地、毕业生就业基地、教师挂职实践基地
3	易联拍摄与美工实训基地	学生岗位实习基地、毕业生就业基地、参与课程开发
4	无锡跨境电商展示中心	无锡跨境电商实践教学场地
5	无锡跨境中小企业商会实训基地	学生岗位实习基地、毕业生就业基地、参与人才培养方案制定

（四）"跨境电商运营＋产品性能体验＋企业文化熏陶"的软件设施

在项目实践室，基地通过引入企业真实跨境电商项目任务，如图片美工、数据分析和视频剪辑等，参照跨境电商企业的"责任目标管理"和"岗位目标管理"等制度文化，制定实践任务目标和考核标准，按照跨境电商相关岗位技能要求进行考核，以小组团队的成绩计入学生 PU 分，训练学生精湛的职业技能和团队合作职业素养。

在无锡易然科技有限公司科院跨境电商项目部，由校企联合实施"跨境电商运营＋产品性能体验＋企业文化熏陶"设计原则。在实训室楼道布置职业素养标语、行业发展前景等，内部墙面悬挂企业文化及管理制度、跨境电商实习项目任务操作流程、优秀实习学生奖状，营造高度仿真的工作场景，让学生进入实训基地时就感觉进入了真实企业的工作环境，培养学生的归属感。同时，布置"样品展示及体验区"，便于学生熟悉产品性能参数，提高产品知识储备，培养"运营技能＋产品属性"职业思维。

（五）"商创社"专业社团为载体的创新创业教育服务机制

基地充分实现专业教育与创新创业教育的有效衔接，在明确人才培养目标，强化课程体系、专业实践平台和师资队伍建设的同时，以问题为导向，以"商创社"专业社团为载体，建立健全创新创业教育服务机制，以解决培养学生创新创业能力的深层次问题。

第一，专业社团平台与通识课程和专业技能课程遥相呼应。通过专业社团营造浓厚的创新创业文化氛围，引导学生开展创新创业活动。学生社团包括与通识课程相对应的创业者协会和跨境电商协会等，也包括与专业技能课程相对应的专业性很强的社团，两者的结合促使学生掌握专业知识和技术技能的同时，激发学生求新、求变、求异、求突破、求发展的创新创业驱动感，激发学生发挥专业优势创新创业。

第二，专业实训平台与技能课程相互匹配。基地融教学、科研和社会服务于一体，充分利用先进的实训设备和大量的与专业相关的应用性科研项目，有效地引导学生参与创新和科研工作，在专业教师指导下主持大学生创新创业项目，培养学生的科研素质与创新能力。依托各种创新创业大赛和大学生专利大赛来检验人才培养成果。跨境电商专业教学团队通过定期组织参加或承办包括国家、省、地市和院校级在内的各级各类技能竞赛，提高学生动手操作能力和解决问题的能力，进一步激发学生的创新精神和创业能力。

第三，实操平台与实训课程相互耦合。对于参加创业的学生，通过创业模拟实训进行仿真训练。创业模拟实训是学生以创业者的角色开展创业活动，学生通过组建团队、组织策划和经营管理，以仿真企业的形式了解创业实践过程，培养学生创业技能。同时，发挥学生专业优势创业，让学生体验不同于模拟创业的更具真实创业风险的创业实践机会，帮助学生紧扣专业、理性思考，凸显优势，提高创业成功率，从而发挥蝴蝶效应，引导更多的学生紧密结合自身的专业优势去创业。

第四，众创空间和青创营相互配合。众创空间和青创营两个创新创业基地占地面积 4 000 多平方米，投入 200 多万元，为学生创业提供了优越的环境。跨境电商众创空间项目自 2019 年入选市级科技企业孵化项目以来连续评优。学校领导班子高度重视，组织机构完整，场地建设到位，配套设施齐全，资金扶持力度大，师资力量充足，管理制度健全，公共服务平台建设完备，"教育 + 实践 + 孵化"的人才培养模式突出。同时，在孵化上下功夫，转变工作重心，从注重孵化为主向注重服务转变；形成一个上下游的产业链，着力孵化好成长型的大创企业，做优各类配套服务；创立品牌效应，提升园区的整体知名度，努力打造成无锡知名的大创园，为申报省级、国家创业基地夯实基础。

第四节　产教联盟的实践路径——分层分类开展精准培训

面临当前职业教育发展新形势，学校顺应时代发展，在服务人才培养的同时，充分利用优质教学资源，在社会培训、师资培训、企业培训和政府培训等方面主动作为。根据不同培训对象的培训需求和市场用工需求精准分层分类开展跨境电子商务培训。

一、无锡市跨境电商师资培训

当前高职、本科院校的跨境电商专业师资大多都是从国际贸易、电子商务和商务英语等专业转型而来，跨境电商知识结构不完善，职业素养欠缺。针对这种情况，产教联盟在暑假期间，面向全市跨境电商讲师提供培训，通过集训沉淀教学案例，推进跨境电商人才的深度培养和精准输出。各职业院校教师通过参加培训，完善跨境电商知识结构，提高技能水平，提升专业素养，为无锡市跨境电商专业储备师资基础。教师尤其欠缺跨境电商实战经验，在联盟师资培训的推动下，成功转型为跨境电商实战经验丰富的教师，提升了个人对跨境行业的认知，补全了跨境行业的知识面，成为有专长、有见解，有实操能力的专业跨境电商讲师。

二、无锡市跨境电商企业培训

无锡市跨境电商规模总量不大、带动力不足，龙头企业缺乏、产业集聚度不高、品牌知名度低，与无锡作为外贸大市的地位不相匹配，但无锡市具有新能源、电动车、汽车零部件、纺织服装和紫砂陶瓷等优势产业。因此，联盟根据无锡市跨境电子商务企业人才需求，开设跨境电子商务入门和资深班。

第一，针对跨境电商入门企业，挑选跨境电子商务专业知识基础较好、学习能力较强的员工，围绕亚马逊、阿里巴巴国际站等平台开设短训班，每班培训周期为 5 个月，其中包含集中培训、线上答疑、沙龙论坛、企业回访和访学研修等。

第二，针对跨境电商业务提升企业，围绕亚马逊、阿里巴巴国际站等平台开设长训班，包含集中培训、线上答疑和企业一对一上门指导等。

同时，引入企业真实案例，让培训学员能够通过观察和分析真实案例，借鉴成功的经验和教训，使培训更加贴近实际操作，提高学员的实操能力，培养他们解决问题和应对挑战的能力，帮助他们成为跨境电商行业的专业人才。

三、无锡市跨境电商政府工作人员培训

党的十九大报告对公务员提出"全面增强执政本领"的要求，着力培养又博又专、底蕴深厚的复合型公务员。公务员培训需求具有严格的组织目标，培训目标为提升公务员胜任工作岗位，准确理解和贯彻党的路线方针政策能力，紧紧围绕党和政府事业发展大局和中心任务，提高履职能力、综合素质和公务水平。

因此，联盟针对无锡市商务局、区商务局和街道部门负责跨境电子商务业务工作的公务员开展跨境电子商务从业培训。培训内容不仅包括跨境电子商务法律法规学习培训，还包括跨境电子商务配套服务等专业知识学习培

训，以及互联网、大数据、云计算和人工智能等新知识新技能学习培训。

四、无锡跨境电商社会培训

社会培训主要针对退役军人、下岗失业人员和新型职业农民等群体展开。该类人群文化水平不高、知识结构相对单一，跨境电子商务职业理论知识和技能都欠缺。因此，社会培训的内容包含跨境电子商务全流程知识和技能，且都是市场急需或潜在的专业技术技能，以整合知识体系、提高工作胜任能力为主，以市场需求为导向促进就业为目的。通过系统化的学习，掌握跨境电商的整体运作模式，了解国际贸易的政策法规和市场趋势，学习市场营销策略和危机管理技巧，同时掌握物流和仓储管理等关键流程。

联盟通过事先调查摸底，深入了解不同类型培训对象的需求内容、培训形式和质量要求等，分层分类提升学员的专业水平，帮助企业更好地开展国际贸易，拓展海外市场，培养更多的专业人才，为企业注入更多的活力和创新力，促进了企业的长期发展，助力企业在全球市场中获得更大的成功。

第五节 产教联盟的实践手段——承办跨境电商创新创业实战大赛

为加快推进中国（无锡）跨境电商综试区建设，积极培育外贸新动能，协同助力外贸保稳提质，努力构建新发展格局，联盟承办了由市商务局、市人力资源和社会保障局、市邮政管理局联合主办的"创响无锡"跨境电商创新创业大赛。大赛分为企业赛道和学生赛道。

一、跨境电商创新创业企业赛道

（一）"理论指导、实战训练、决赛路演"的比赛阶段

跨境电商创新创业大赛企业赛道为期五个多月，围绕"聚焦创新，聚力发展"为主题，聚焦跨境电商出口运营技能，设置"理论指导、实战训练、

决赛路演"三个比赛阶段。为提高大赛孵化效果，助力企业发展保稳提质，大赛组委会通过问卷调查、企业走访和调研会议等方式征求企业业务需求，精心制定大赛孵化方案、精准设置赛前课程体系。

产教联盟遵循行业趋势，立足企业实际，将赛事培训课程分设亚马逊班、阿里班、谷歌班、中国制造网班等，并新增抖音海外直播等跨境电商前沿内容。赛程设置上充分体现了跨境电商行业发展新态势、新需求，全面引领了参赛企业转型升级的新理念、新思路。大赛吸引了无锡市（含江阴和宜兴）小天鹅、威孚和红豆等传统重点外贸企业以及福挺科技、瀚脉科技和恒泰易通等跨境电商创新企业共计 200 余家企业参赛，既有传统外贸和制造企业，又新增了国内电商企业和高新技术类企业，所涉及的行业涵盖了家纺、汽摩配等传统产业和半导体、光电等新兴产业。

（二）"以赛促培，以点带面"的比赛成效

产教联盟以大赛为契机，通过以赛促转、以赛促创方式，带动一批企业先行先试，加快转型升级步伐，累计孵化和培训近 600 家企业，涌现了红豆集团、凤凰画材、无锡金茂和小天鹅等一批优秀企业团队。无锡金茂通过大赛孵化，跨境电商业绩同比增长 300%；红豆同比增长 34 倍，达 345 万美元。

参赛企业"以赛促培，以点带面"，将跨境电商转型过程中的经验和得失，分享给更多的产业链上下游合作企业，实现相互协同、跨界合作，共同推进跨境电商行业发展。

二、跨境电商创新创业学生赛道

（一）理论培训、eBay 考证、店铺实战运营和路演的比赛阶段

大赛培训包括理论知识培训、运营技能培训和综合技能阶段。培训采用线上 + 线下方式进行，以期帮助参赛学生熟悉 Shopee 平台规则及 Shopee 实操各个环节，培训以互动式、案例实战教学为主，边学边操作，分小组讨论提交问题和答案，在实战中学以致用。

1. 理论知识培训

通过第一阶段培训，帮助参赛学生，熟悉 Shopee 平台基础知识，授课内

容包括三大板块：Shopee 实操账号的注册（Shopee 平台官方支持）；Shopee 平台规则；本地家纺、服装、户外用具产品介绍及产品分析；结合 Shopee 平台热销数据、无锡本地特有家纺、服装、户外用具产品产业带及海外仓供应链，通过选品调研分析、数据整理、实操演练，并帮助参赛学生了解跨境市场、判断跨境产品份额、评估客户需求。

2. 运营技能培训

结合 Shopee 平台在行业发展的品类趋势，如家纺、服装、户外用具产品的数据支持，指导参赛学生的店铺运营。

（1）通过第二阶段课程，帮助参赛学生，熟悉 Shopee 平台基础实操及店铺优化，5 天授课内容包括 4 大板块。

（2）持续跟进指导，线上点对点支持，及时解决学生在 Shopee 运行中遇到的各种问题。

（3）根据参赛学生的店铺实际操作，具体分析学生选品的市场调研，店铺风格、物流规划、品牌规划、店铺实操运营绩效、团队分工等店铺数据等运营实操内容，予以诊断及答疑指导。

3. 综合技能培训

结合参赛学生在参赛学习中遇到的问题和反馈，予以现场一对一店铺分析和指导交流，指导参赛学生的学习应用及反馈。通过线上直播、线下辅导方式，结合品牌规划、产品选品定位、物流备货、运营实战，以及团队组建等实际操盘过程中遇到的问题，一对一个性化分析，提供切实可行的指导建议。

4. 汇报路演

大赛本着公平、公开、公正的原则开展，参赛学生由参赛团队独立运营，所有参赛队伍的店铺网址、后台账号及密码提交大赛组委会。初赛采用线上考核考证的形式，按照团队成员的平均成绩计入考试成绩，考试成绩排名前 10 组参赛团队晋级复赛要求。复赛实战考核按照店铺账号开通、运营和物流等全流程，根据店铺后台数据即店铺经营绩效，选择排名前 10 组参赛团队晋级决赛（路演汇报），考核成绩按照："有效成交金额 GMV"（70%） + "有效成交订单数"（30%）两部分组成。最后，要求参加路演比赛团队通过 PPT 方式陈述本次跨境电商项目运营方案，完成整个赛项。

（二）单笔利润上涨＋订单总数增长的比赛成效

经过理论培训、eBay 考证、店铺实战运营和路演等多个环节，参赛的学生团队销售业绩喜人，单笔最高利润达到 54.99%，订单总数单周增长 6 倍。

联盟按照"政行企校"多元协同、校内教学和社会服务并举的运行模式，按照高职院校"学历教育＋职业培训"双职能运行特色，坚持"以教促产、以产助教"的理念，以人才培养助力无锡市跨境电商产业发展。

第九章　做优动态评价：新商科人才 "区校一体" 培养的重点

　　职业教育评价是与职业教育目的和人才培养目标高度相关的活动，对于优化职业教育类型定位、增强职业教育适应性等具有重要现实意义。对于职业教育评价的改革研究已有诸多成果，如构建增值评价方式、针对类型教育的特色评价体系等。而在区校一体背景下的职业教育评价改革又有着新的评价导向，需要从区域特色和地区用人需求导向出发，重新考虑评价内涵，构建特色评价体系。本章节针对新商科人才培养提出构建 "区校一体" 框架下的适应地区发展和职业教育发展的人才培养成效评价体系。

第一节　新商科人才培养评价体系建设意义

一、科学的评价体系提升新商科人才培养质量

（一）以职业为导向，增强人才技能针对性和实用性

　　新商科 "区校一体" 的人才培养评价体系以职业为导向，充分考虑地方特色产业对于人才的需求。在成效评价体系中融入了校企协作程度、企校共建育人等人才适应性变革要求和地方特色产业的用人需求，更加准确地评估新商科人才的各项能力和素质，包括知识掌握、实践技能、创新思维和团队协作能力等的培养成效。

　　人才培养活动紧密围绕评价体系具有职业导向性的展开，让学生更加明

确自己的职业发展方向，增强学习的针对性和实用性。学生能够在学习过程中更加关注与未来职业相关的知识和技能，学生将不再只是简单地学习理论知识，而是能够将所学知识与实际产业需求相结合，进行有针对性的学习和实践，使学生更加深入地理解知识，提高学习的效果，为就业和职业发展打下坚实的基础。

（二）强调校企协作育人，重点培养人才实践技能

在当今快速变革的商业环境中，新商科人才的培养不仅局限于理论知识的传授，更重要的是学生实践技能和职业素养的培养。新商科人才评价体系作为衡量学生能力的重要工具，更加强化了校企协作下实践技能培养的考察，全面评估学生综合素质。

评价体系通过设置与岗位技能相关的实践环节和考核标准，例如 1 + X 职业资格证书获取率、校企合作开发项目数、实训成绩合格率等指标，全面评估在实践方面人才的培养成效质量。

（三）以校企教育资源为基础，保障人才培养良性生态

学校作为教育的主要阵地，其教育资源在人才培养中起着基础性和系统性的作用。学校通过提供全面的课程体系、专业的师资团队和丰富的学习资源，为学生打下坚实的学科基础，培养其独立思考、创新能力和批判性思维。除了平时课堂的基本教学，还需根据"区校一体"培育需求生成具有针对性与特征性的新课程与新教材，同时配备相应的线上课程资源与企业技能导师。

评价体系通过设置例如合作开发教材数、合作开发课程数与合作开发在线资源库等指标对"区校一体"人才培养的教育资源保障进行评估。

（四）注重人才反馈，形成紧密闭环

人才培养的目的是人才输送，"区校一体"背景下企业与高职院校共同育人，在人才培养过程中嵌入企业培训。人才输送后对企业的收益影响与当地社会影响是人才培养成效的直接体现，高质量人才培育成效应对当地经济、人才结构与产业发展起到促进作用。评价结果又能作为下届人才培养结构优化调整的参考依据。

评价体系通过设置社会评价，例如毕业生人数、就业率、对口就业率、区内企业对毕业生满意度等指标完成社会评价环节，完成"区校一体"人才培养成效评价的闭环。

二、健全的评价体系提升地方高职院校治理水平

（一）面向多元利益相关共同体，提高治理水平

评价体系将政府、职业院校、产业企业等多个利益相关方纳入职业教育评价主体，打造多元协同的职业教育评价共同体。政府作为教育政策的制定者和监管者，通过教育经费、师生比、就业率等相关指标评价考察教育公平、教育质量和教育资源是否合理配置。职业院校作为教育服务的提供方，评价指标主要聚焦于教学质量、师资力量、学生满意度等方面。而产业企业侧重于考察毕业生的实际操作能力、职业素养以及专业知识的掌握程度。通过构建面向多元利益相关共同体的评价体系，可以有效地促进高职院校的全面发展，提高治理水平。

（二）评价价值导向引领提升治理水平

通过明确评价目标、制定科学的评价指标、采用多元化评价方法以及加强评价结果的反馈和应用等措施，可以构建全面、客观、科学的人才培养评价体系。构建健全人才培养评价体系，将评价指标结合完善治理体制、加强师资队伍建设、强化学生管理、推进教学改革和加强科研管理等具体措施的实施成效，可以通过这些评价导向进一步提升地方高职院校的治理水平。

三、完善的评价体系提升地方高职院校服务区域能力

（一）强化社会服务功能，响应区域经济发展

新商科"区校一体"的人才培养评价体系引导高校与地区核心产业企业、科研机构建立紧密的合作关系，评价体系以学校积极参与区域社会、经济建设，为区域发展提供智力支持和人才保障为目的，共同开展人才培养、科技创新等活动。通过评价体系中的社会服务相关指标，学校可以更加明确自身的社会责任，积极履行社会义务，提高社会声誉和影响力。做到更深入

地了解区域经济发展的需求和趋势，从而调整和优化专业设置和课程内容，使人才培养更加符合区域经济发展的实际需求。

（二）发挥教师科研能力应用，推动区域内资源共享

新商科"区校一体"的人才培养评价体系可以促进地方高职院校与区域内其他核心产业企业、科研机构的资源共享，包括师资力量、科研设备、教学资源等。这将鼓励教师积极参与跨学科、跨领域的校企合作研究，充分利用教师的科研能力，企业为教师提供资金、设备、资源等研究条件，教师的科研成果反哺应用于生产技术革新和产业生产发展。这种资源共享不仅有助于提升学校的整体师资实力，提高教育质量，同时也有助于推动区域经济的转型发展。

第二节　新商科人才培养评价体系理论模型构建

一、新商科人才培养评价体系指标设计

区校一体背景下，涉及政府、职业院校、产业企业多个利益相关，因此遵循着全面性和综合性的原则，构建多元指标体系。指标体系的涉及原则需要做到以下三点：一是考虑从几方利益相关者角度出发对人才培养成效作出综合评价；二是指标体系需要考虑指标之间的系统性和联系性。三是选择指标时需要考虑其可获得性和可比性、定量与定性相结合的原则。

在构建过程中，考虑到高职院校新商科新时代的人才培养主要以技术技能型人才培养为内容，以服务于商科产业发展为目标，因而人才培养成效将会从以下三个维度展开评价：一是从产业企业角度出发，重点关注所培养的人才能否满足当地企业用人需求；二是从院校角度出发，评价强调考察学生岗位技能掌握是否扎实，能否在专业实践培训中获得上岗就能干的能力；三是从社会政府角度出发，高职院校的人才培养工作是否给当地带来了社会效益，助力当地产业经济发展。

在经过上述分析之后，本书主要参考职业教育集团化办学成效评价模

型中的评价指标体系，结合地方区校合作办学特色，将集团化办学成效中的集团协作替换为校企合作，重构建立了新商科人才培养评价指标体系，如表9-1所示。

表9-1　　　　　　　　新商科人才培养评价体系指标设计

一级指标	二级指标	指标属性	指标编号
专业 基本情况	年度在校生数	正向指标	X1
	学校占地面积	正向指标	X2
	实践场所面积	正向指标	X3
	实验室个数	正向指标	X4
	教学研仪器设备值	正向指标	X5
	生均图书	正向指标	X6
	行业协会数与相关社团数	正向指标	X7
	专业平均就业	正向指标	X8
	开设专业数	正向指标	X9
合作 共建专业	企业年均投入	正向指标	X10
	校企合作实习人数年均增长率	正向指标	X11
	合作建设专业数	正向指标	X12
	专业设置与集团、地区产业关联度	正向指标	X13
	学生职业资格证书获取率	正向指标	X14
	学生实训成绩合格率	正向指标	X15
	职业技能/1＋X考点数	正向指标	X16
	校企合作开发项目数	正向指标	X17
合作共建课程	企业参与制定人才培养方案数	正向指标	X18
	合作开发课程数	正向指标	X19
	合作开发教材数	正向指标	X20
	合作开发在线资源库数	正向指标	X21
合作共建师资	专职教师数	正向指标	X22
	企业专家到学校任兼职教师人数	正向指标	X23
	"双师型"教师占专职教师比	正向指标	X24
	师生比	正向指标	X25
	企业接收学校教师实践锻炼人数	正向指标	X26
	院校教师参加行业实践时间	正向指标	X27
	院校教师平均挂职锻炼天数	正向指标	X28

续表

一级指标	二级指标	指标属性	指标编号
产学研合作	举办相关学术会议、讲座及报告总数	正向指标	X29
	共建实训基地数	正向指标	X30
	企业对学校实训基地建设资金投入数	正向指标	X31
	成员企业接受顶岗实习学生数	正向指标	X32
	"订单培养"学生人数	正向指标	X33
	企业对院校捐赠设备总值	正向指标	X34
	企业可共享实习实训设备资产总值	正向指标	X35
	院校可共享实习实训设备资产总值	正向指标	X36
	院校为企业提供技术服务收入	正向指标	X37
	学校为成员企业培训职工人数	正向指标	X38
	院校为企业提供毕业生数	正向指标	X39
	合作开展科研课题数	正向指标	X40
经费支持	院校学费收入	正向指标	X41
	政府经常性补助收	正向指标	X42
	院校培训收入	正向指标	X43
	院校教学经费支出	正向指标	X44
	牵头院校师资队伍经费支出	正向指标	X45
	牵头院校教学改革与研究支出	正向指标	X46
社会评价	年度招生数	正向指标	X47
	年度毕业生数	正向指标	X48
	毕业生就业率	正向指标	X49
	毕业生对口就业率	正向指标	X50
	用人单位对毕业生满意率	正向指标	X51

二、新商科人才培养评价方法选择分析

定量评价是职业教育成效评价的重要组成部分，通过具体、可量化的指标和数据来评估人才培养的能力、表现和成果。在职业教育成效量化评价方面，有许多可以采用的方法模型。如刘静（2023）基于层次分析法构建职业

教育评价指标体系，徐娟（2021）、齐梅（2016）则采用层次分析法，结合模糊评价模型构建高职院校实践教学评价。

由于层次分析法可以将新商科人才培养评价的整体评价内涵分解为多个层次，契合前面构建的新商科人才培养评价指标体系的结构，且能将每个层次中的指标对最终评价结果的直接或间接影响程度进行量化，所以选择 AHP 进行基础评价方法。但 AHP 方法在确定各层次元素的权重时，主要依赖于专家打分和一致性检验，会受主观因素的影响。所以本书提出将 AHP 与 TOPSIS（Technique for Order Preference by Similarity to Ideal Solution，逼近理想解排序法）进行结合。AHP-TOPSIS 方法结合了 AHP 的定性和 TOPSIS 的定量分析特点，能够更全面地考虑各种因素，提高评价的准确性。

（一）层次分析法（AHP）

层次分析法（Analytic Hierarchy Process，AHP）是一种多准则决策方法，用于处理复杂的决策问题。AHP 通过层次结构，将决策问题分解为不同层次的因素和准则，然后使用专家判断或数据分析来确定各因素之间的相对重要性。该方法的关键步骤包括构建层次结构、两两比较因素的相对重要性，计算权重，并进行一致性检验。AHP 广泛用于支持决策过程，特别是在需要综合多个因素进行决策的复杂问题中，如项目选择、资源分配、风险评估等。AHP 可以用于确定不同绩效因素的相对权重，以帮助建立科学的评价体系。

（二）TOPSIS 方法

TOPSIS 方法也被称为逼近理想解排序法或优劣解距离法，是一种常用的综合评价方法。该方法由黄宗亮和尹健（C. L. Hwang and K. Yoon）于 1981 年首次提出，适用于根据多项指标对多个方案进行比较选择。TOPSIS 方法的优势就在于可以充分利用原始数据的信息，模型结果能精确地反映各评价对象之间的差距。它的中心思想是通过一定的计算，评估方案系统中任何一个方案距离理想最优解和最劣解的综合距离。如果一个方案距离理想最优解越近，距离最劣解越远，就有理由认为这个方案更好。利用 TOPSIS 法评价各评价对象，步骤如下：

1. 根据下式构造规范化决策矩阵，并构造加权规范化决策矩阵 V，其中元素 $V_{ij} = W_j \times Z_{ij}$。

$$Z_{ij} = \frac{X_{ij}}{\sqrt{\sum_{i=1}^{m} X_{ij}^2}} \quad i,j = (1,2,\cdots,n)$$

2. 确定正理想解和负理想解，根据新矩阵，每项指标取最大值得到正理想解，取最小值得到负理想解。

正理想解：$V^+ = (V_1^+, V_2^+, \cdots, V_m^+) = \{\max V_{ij} \mid j = 1,2,\cdots,m\}$

负理想解：$V^- = (V_1^-, V_2^-, \cdots, V_m^-) = \{\min V_{ij} \mid j = 1,2,\cdots,m\}$

3. 运用下式计算每个方案到正理想解的距离 S_i^+ 和到负理想解的距离 S_i^-。

$$S_i^- = \sqrt{\sum_{j=1}^{n} (V_{ij} - V_j^-)^2} ; S_i^+ = \sqrt{\sum_{j=1}^{n} (V_{ij} - V_j^+)^2}$$

4. 利用下式计算每个方案的相对接近度 C_i，并按相对接近度的大小进行排序。C_i 值越大，表示物流发展的整体水平越优。

$$C_i = \frac{S_i^-}{S_i^+ + S_i^-}$$

第三节　新商科"区校一体"人才培养评价分析

一、数据来源

AHP 方法主要利用专家的知识和经验进行评价，从政府、高职院校、企业单位分别选择 5 位在商科相关方向具有丰富教学经验和行业洞察力的专家，以确保评价的全面性和客观性。通过调查问卷或访谈，获取专家小组对指标体系准则层和方案层下各个元素，并进行两两比较，由此获得 AHP 构建相关指标。

TOPSIS 主要用于指标影响程度排名，属于定量分析，本案例选取无锡科院作为研究对象，收集相关的指标数据。从教务处和商学院教科办实地调研，获取 2021～2023 年商科专业的相关原始数据和信息，保证了数据的客观准确。

二、评价过程分析

（一）采用 AHP 确定人才培养成效评价指标及权重系数

1. 确定指标构建层次结构

AHP 方法根据具体决策问题以及要达到的目标，把各因素自上而下分解成不同的组成要素，通过指标的逐层分解形成因素的层次结构模型。最高层次的因素是决策的目标，通常只有一个因素，中间层则为目标层分解下来相对细分的准则层，最低层则为可以实际计算的方案层因素。

在首轮指标反馈意见中，结合区校一体特色背景和人才培养实际情况，确定最终纳入 AHP 评价体系的指标。综合专家的反馈意见，从专业群基本情况、区校企业和学校共建课程、区内企业和学校共建师资队伍、区内企业和学校共建实训基地、区内企业和学校产学研合作、社会评价 6 个方面从表9－1 的 51 个指标中最终设定 32 项指标，层次结构如表 9－2 所示。

表 9－2　　　　　"区校一体"新商科人才培养评价层次结构

目标层	（准则层）	对象层	指标编号
"区校一体"新商科人才培养成效评价	专业群基本情况 B1	专业群建设经费到账资金（万元）	X1
		合作企业经费投入或捐赠资金（万元）	X2
		区内行业协会数与相关社团数	X3
		专业群国际合作项目数	X4
		专业群服务高新区社会培训、技能鉴定人次	X5
	区内企业和学校共建课程 B2	合作开发课程数	X6
		合作开发教材数	X7
		合作开发在线资源库数	X8
	区内企业和学校共建师资队伍 B3	专业群师生比	X9
		专业群专职教师数	X10
		专业群兼职教师人数	X11
		专业群"双师型"教师占比	X12
		专业群教师平均挂职锻炼天数/人	X13

续表

目标层（准则层）		对象层	指标编号
"区校一体"新商科人才培养成效评价	区内企业和学校共建实训基地 B4	专业群共享实训基地占地面积	X14
		专业群共享实训基地实训工位数	X15
		专业群校内共享实训基地生均教学仪器设备值	X16
		专业群校外共享实训基地数量	X17
		企业对学校实训基地建设资金投入数	X18
		企业可共享实习实训设备资产总值	X19
		院校可共享实习实训设备资产总值	X20
	区内企业和学校产学研合作 B5	合作开展科研课题数	X21
		"订单培养"学生人数	X22
		企业接受岗位实习学生数	X23
		院校为企业提供技术服务收入	X24
		学校为企业培训职工人数	X25
	社会评价 B6	专业群年度招生数	X26
		专业群年度毕业生数	X27
		校企合作实习人数年均增长率	X28
		专业群平均就业率	X29
		专业群毕业生对口就业率	X30
		区内企业对毕业生满意率	X31
		学生职业资格证书获取率	X32

2. 构造判断矩阵

联系高职教育和商科行业十名专家进行交流，通过访谈或问卷的方式向他们介绍本研究的层次结构模型，参照如表9－3所示的1－9标度法，获取了他们对于各层次不同指标间相对重要性的标度值认定，从而构建判断矩阵。

表 9－3 　　　　　　　　　　　成对比较矩阵标度及其含义

标度	含义	说明
1	同等重要	i 因素与 j 因素同等重要
3	稍微重要	i 因素与 j 因素稍微重要

续表

标度	含义	说明
5	明显重要	i 因素与 j 因素明显重要
7	非常重要	i 因素与 j 因素非常重要
9	极其重要	i 因素与 j 因素及其重要
2、4、6、8	—	示前述相邻判断中间程度的标度值
1/3	稍微不重要	i 因素与 j 因素稍微不重要
1/5	明显不重要	i 因素与 j 因素明显不重要
1/7	非常不重要	i 因素与 j 因素非常不重要
1/9	极其不重要	i 因素与 j 因素及其不重要
1/2、1/4、1/6、1/8	—	示前述相邻判断中间程度的标度值

根据全体专家对指标两两比较打分结果的算数平均数，构造判断矩阵如表 9 - 4 所示。

表 9 - 4　　　　　　　　　　　　　判断矩阵

准则层	**B1**	**B2**	**B3**	**B4**	**B5**
B1	b11	b12	b13	b14	b15
B2	b21	b22	b23	b24	b25
B3	b31	b32	b33	b34	b35
B4	b41	b42	b43	b44	b45
B5	51	b52	b53	b54	b55

其中 B1，B2，…，Bn 代表第 n 个指标，b11，b12，…，bnn 代表两指标的比值算数平均数 B =（B1 + B2 + … + Bn）/n，其中 B1，B2，…，Bn 分别代表每位专家对其中任意两个指标重要性程度比较的打分结果，n 表示专家的个数，本书 n 为 10。

3. 各层评价指标权重向量与一致性检验

指标权重是该指标相对于上层指标的重要程度，如果通过一致性检验，即为我们所需要的结果，如不通过，需要重新回到上一步骤构造判断矩阵。

本书构造判断矩阵后，采用 Python 软件编程计算最大特征根 λ_{max} 与其对应的特征向量，经归一化处理后即为我们所求的权重向量。

对 A - B 层判断矩阵处理结果如表 9 - 5 所示。

表 9 – 5　　　　　　　　　　　　准则层判断矩阵

A – B	B1	B2	B3	B4	B5	B6	权重
B1	1	1/4	3	1/5	2	1/9	0.073
B2	4	1	7	1/2	6	1/3	0.220
B3	1/3	1/7	1	1/7	1/2	1/8	0.027
B4	5	2	7	1	1/4	1/2	0.172
B5	1/2	1/6	2	4	1	5	0.240
B6	9	3	8	2	1/5	1	0.269

$$\lambda_{max}=5.24774, \quad CI=\frac{\lambda_{max}-n}{n}=0.049548, \quad CR=\frac{CI}{RI}=0.044239155<0.1$$

因此矩阵通过一致性检验，具有满意的一致性。

对 B1 – C 层判断矩阵处理结果如表 9 – 6 所示。

表 9 – 6　　　　　　　　　　　　判断矩阵 B1 – C

B1 – C	X_1	X_2	X_3	X_4	X_5	权重
X_1	1	1/4	1/7	1/6	1/2	0.0494
X_2	4	1	1/2	1/3	3	0.1900
X_3	7	2	1	2/3	5/2	0.2930
X_4	6	3	3/2	1	2	0.3553
X_5	2	1/3	2/5	1/2	1	0.1123

$$\lambda_{max}=5.19284, \quad CI=\frac{\lambda_{max}-n}{n}=0.038568, \quad CR=\frac{CI}{RI}=0.034436<0.1$$ 因此

矩阵通过一致性检验，具有满意的一致性。

对 B2 – C 层判断矩阵处理结果如表 9 – 7 所示。

表 9 – 7　　　　　　　　　　　　判断矩阵 B2 – C

B2 – C	X_6	X_7	X_8	权重
X_6	1	1/4	1/2	0.126
X_7	4	1	8	0.714
X_8	2	1/8	1	0.161

$$\lambda_{max}=3.053622, \quad CI=\frac{\lambda_{max}-n}{n}=0.017874, \quad CR=\frac{CI}{RI}=0.030817<0.1$$ 因

此矩阵通过一致性检验，具有满意的一致性。

对 B3 - C 层判断矩阵处理结果如表 9 - 8 所示。

表 9 - 8 　　　　　　　　　　判断矩阵 B3 - C

B3 - C	X_9	X_{10}	X_{11}	X_{12}	X_{13}	权重
X_9	1	1/2	4	1/4	3	0.145
X_{10}	2	1	7	1/3	6	0.262
X_{11}	1/4	1/7	1	1/8	2	0.057
X_{12}	4	3	8	1	7	0.490
X_{13}	1/3	1/6	1/2	1/7	1	0.047

$\lambda_{max} = 3.135605$，$CI = \dfrac{\lambda_{max} - n}{n} = 0.045202$，$CR = \dfrac{CI}{RI} = 0.077934 < 0.1$ 因

此矩阵通过一致性检验，具有满意的一致性。

对 B4 - C 层判断矩阵处理结果如表 9 - 9 所示。

表 9 - 9 　　　　　　　　　　判断矩阵 B3 - C

B4 - C	X_{14}	X_{15}	X_{16}	X_{17}	X_{18}	X_{19}	X_{20}	权重
X_{14}	1	1/2	1/5	1/4	3	1/2	1/7	0.065
X_{15}	2	1	1/3	1/2	4	1/3	1/5	0.093
X_{16}	5	3	1	6	1/2	1/3	2	0.182
X_{17}	4	2	1/6	1	1/3	1/4	5	0.146
X_{18}	1/3	1/4	2	3	1	3	1/2	0.135
X_{19}	2	3	3	4	1/3	1	1/5	0.161
X_{20}	7	5	1/2	1/5	2	5	1	0.217

$\lambda_{max} = 5.238605$，$CI = \dfrac{\lambda_{max} - n}{n} = 0.095502$，$CR = \dfrac{CI}{RI} = 0.067934 < 0.1$ 因

此矩阵通过一致性检验，具有满意的一致性。

对 B5 - C 层判断矩阵处理结果如表 9 - 10 所示。

表 9 - 10 　　　　　　　　　　判断矩阵 B3 - C

B5 - C	X_{21}	X_{22}	X_{23}	X_{24}	X_{25}	权重
X_{21}	1	1/8	4	1/3	6	0.161
X_{22}	8	1	7	1/3	6	0.301
X_{23}	7	1/4	1	1/2	2	0.131
X_{24}	4	3	2	1	1/3	0.238
X_{25}	3	1/6	1/2	3	1	0.169

$$\lambda_{max} = 4.12591, \quad CI = \frac{\lambda_{max} - n}{n} = 0.085202, \quad CR = \frac{CI}{RI} = 0.057934 < 0.1 \text{ 因此}$$

矩阵通过一致性检验，具有满意的一致性。

对 B6 - C 层判断矩阵处理结果如表 9 - 11 所示。

表 9 - 11 　　　　　　　　　　判断矩阵 B3 - C

B6 - C	X_{26}	X_{27}	X_{28}	X_{29}	X_{30}	X_{31}	X_{32}	权重
X_{26}	1	5	1/7	1/2	1/4	1/8	1/5	0.069
X_{27}	1/5	1	1/5	1/3	2	1/2	3	0.103
X_{28}	7	5	1	1/3	2	1/4	1/2	0.134
X_{29}	2	3	3	1	3	1/5	1/2	0.131
X_{30}	4	1/2	1/2	1/3	1	1/7	1/4	0.056
X_{31}	8	2	4	5	7	1	5	0.366
X_{32}	5	1/3	2	2	4	1/5	1	0.141

$$\lambda_{max} = 3.23507, \quad CI = \frac{\lambda_{max} - n}{n} = 0.027231, \quad CR = \frac{CI}{RI} = 0.079935 < 0.1 \text{ 因此}$$

矩阵通过一致性检验，具有满意的一致性。

4. 计算组合权重

根据上述各层次的单排序基础，进行层次的总排序，如表 9 - 12 所示。

表 9 - 12 　　　　　　　　新商科人才培养评价指标权重计算结果

目标层 （准则层）	权重	对象层	权重	初始权重
专业群 基本情况 B1	0.07298	专业群建设经费到账资金（万元）X1	0.04927	0.00360
		合作企业经费投入或捐赠资金（万元）X2	0.19027	0.01389
		区内行业协会数与相关社团数 X3	0.29277	0.02137
		专业群国际合作项目数 X4	0.35526	0.02593
		专业群服务高新区社会培训、技能鉴定人次 X5	0.11243	0.00821
区内企业和学校共建课程 B2	0.21967	合作开发课程数 X6	0.12577	0.02763
		合作开发教材数 X7	0.71360	0.15676
		合作开发在线资源库数 X8	0.16063	0.03529

目标层（准则层）	权重	对象层	权重	初始权重
区内企业和学校共建师资队伍 B3	0.02674	专业群师生比 X9	0.14478	0.00387
		专业群专职教师数 X10	0.26179	0.00700
		专业群兼职教师人数 X11	0.05685	0.00152
		专业群"双师型"教师占比 X12	0.49002	0.01310
		专业群教师平均挂职锻炼天数/人 X13	0.04656	0.00125
区内企业和学校共建实训基地 B4	0.17173	专业群共享实训基地占地面积 X14	0.06539	0.01123
		专业群共享实训基地实训工位数 X15	0.09337	0.01603
		专业群校内共享实训基地生均教学仪器设备值 X16	0.18228	0.03130
		专业群校外共享实训基地数量 X17	0.14570	0.02502
		企业对学校实训基地建设资金投入数 X18	0.13484	0.02316
		企业可共享实习实训设备资产总值 X19	0.16133	0.02771
		院校可共享实习实训设备资产总值 X20	0.21709	0.03728
区内企业和学校产学研合作 B5	0.23997	合作开展科研课题数 X21	0.16054	0.03852
		"订单培养"学生人数 X22	0.30132	0.07231
		企业接受岗位实习学生数 X23	0.13111	0.03146
		院校为企业提供技术服务收入 X24	0.23754	0.05700
		学校为企业培训职工人数 X25	0.16950	0.04067
社会评价 B6	0.26890	专业群年度招生数 X26	0.06906	0.01857
		专业群年度毕业生数 X27	0.10258	0.02758
		校企合作实习人数年均增长率 X28	0.13383	0.03599
		专业群平均就业率 X29	0.13144	0.03535
		专业群毕业生对口就业率 X30	0.05613	0.01509
		区内企业对毕业生满意率 X31	0.36626	0.09849
		学生职业资格证书获取率 X32	0.14069	0.03783

（二）基于 AHP-TOPSIS 模型的人才培养评价结果

在前面的研究中，本书已构建了"区校一体"新商科人才培养成效评价指标体系，其中包含 6 和二级指标和 32 个三级指标，并且通过 AHP 方法确定了各个指标权重。该评价体系能够充分全面地对区校一体背景下新商科人才培养情况进行客观评价。在此基础上，以无锡科院作为案例，结合 TOPSIS 进行量化评价。

1. 数据处理

对无锡科院教务处和商学院教科办进行实地调研，获取 2021～2023 年商科专业的相关原始数据和信息，经过整理后数据如表 9－13 所示。

表 9－13　　无锡科技职业学院新商科专业 2021～2023 年指标数据

	指标	2021 年	2022 年	2023 年
专业群基本情况	专业群建设经费到账资金（万元）	1 000	800	1 200
	合作企业经费投入或捐赠资金（万元）	200	300	500
	区内行业协会数与相关社团数	3	3	3
	专业群国际合作项目数	2	2	2
	专业群服务高新区社会培训、技能鉴定人次	2 500	3 000	4 000
区内企业和学校共建课程	合作开发课程数	10	8	8
	合作开发教材数	3	3	4
	合作开发在线资源库数	5	4	6
区内企业和学校共建师资队伍	专业群师生比	17：1	17：1	17：1
	专业群专职教师数	42	45	50
	专业群兼职教师人数	15	15	16
	专业群"双师型"教师占比（％）	88	90	92
	专业群教师平均挂职锻炼天数/人	76	80	90
区内企业和学校共建实训基地	专业群共享实训基地占地面积（m²）	4 000	4 000	5 000
	专业群共享实训基地实训工位数	1 400	1 400	1 500
	专业群校内共享实训基地生均教学仪器设备值	4500	4500	4550
	专业群校外共享实训基地数量	15	15	18
	企业对学校实训基地建设资金投入数（万元）	100	150	150
	企业可共享实习实训设备资产总值（万元）	6 800	6 800	9 500
	院校可共享实习实训设备资产总值（万元）	3 500	3 500	3 800

指标		2021 年	2022 年	2023 年
区内企业和学校产学研合作	合作开展科研课题数	10	12	15
	"订单培养"学生人数	182	253	258
	企业接受岗位实习学生数	550	520	500
	院校为企业提供技术服务收入（万元）	150	220	250
	学校为企业培训职工人数	1 250	1 580	1 800
社会评价	专业群年度招生数	812	723	658
	专业群年度毕业生数	847	825	805
	校企合作实习人数年均增长率（％）	5.42	6.05	6.11
	专业群平均就业率（％）	97.35	96.25	95.73
	专业群毕业生对口就业率（％）	52.66	47.51	43.98
	区内企业对毕业生满意率（％）	98.15	97.76	97.25
	学生职业资格证书获取率（％）	98.64	97.33	97.36

2. 理想解

计算得出每年评价指标的相对贴近度，作为 2021～2023 年无锡科院的人才培养成效的综合评价得分及排名情况，详细排名如表 9 – 14 所示。

表 9 – 14　　　2021～2023 年人才培养成效相对贴近进度及综合排名

年份	最优距离	最劣距离	相对贴近度	排名
2021	0.1898	0.1074	0.6386	3
2022	0.2156	0.0834	0.7211	2
2023	0.0068	0.0314	0.8217	1

3. 综合评价得分

利用本节第三部分中介绍的 TOPSIS 评价步骤计算组合权重，运用评价模型计算出新商科人才培养适应性变革的阶段成效综合评价得分和分项评价得分如表 9 – 15 和表 9 – 16 所示。

表 9 – 15　　　　　人才培养成效综合评价得分

项目	2021 年	2022 年	2023 年
综合得分	0.5683	0.7184	0.9546

表 9 – 16　　　　　　　　　　人才培养成效综合评价得分

项目	2021 年	2022 年	2023 年
专业基本情况	0.2365	0.4523	0.6803
校企共建课程	0.7569	0.8546	0.8831
校企共建师资	0.7389	0.7806	0.8285
校企共建实训基地	0.8611	0.8756	0.9120
校企产学研合作	0.4068	0.5236	0.5568
社会评价	0.3165	0.3692	0.5824

其中 C_i 评价范围处于 0~1 之间，当 C_i 无限接近于 1 时，表明学校人才培养成效中该个指标效果最优；当 C_i 无限接近于 0，则表明高学校人才培养成效中该个指标成效最差。其中，C_i 值 ≥0.8，人才培养成效相对"高"；$0.5 < C_i$ 值 <0.8，人才培养成效相对"较高"；$0.3 < C_i$ 值 <0.5，人才培养成效相对"中"；$C_i < 0.3$，人才培养成效相对"低"。

三、评价结果分析

（一）新商科专业群基本情况成效分析

依据无锡科院新商科人才培养成效评价中师资层相关的数据收集整理，通过 AHP-TOPSIS 法得出学校在专业基本情况方面的评价得分，通过上表 9 – 15 可以看到，无锡科院新商科专业群的专业基本情况处于持续提升中，2021 年综合得分为 0.2365 处于低的水平，而在 2023 年增长为 0.6803 相对较高的水平，在三年间该项水平提升显著。新商科专业基本情况成效通过加强"区校一体"协同、增加专业建设投入等方式已经迅速拉高得分。

验证了无锡科院在新商科专业群进行的区校一体化建设对于相关的课程水平具有明显的拉升效果，无论是课程资源、课程质量还是课程教学形式等在新商科发展过程中有了质的飞跃。

由分析可知，无锡科院新商科专业群的课程建设成果持续提升，充分展示了优质课程对于提高学生综合能力的关键作用。通过不断打磨课程、与企业共建课程资源等方式，不仅拉高了课程得分，更在课程资源、课程质量和教学形式上实现了质的飞跃。课程建设不仅是新商科人才培养的核心环节，更是推动专业发展和提升教育质量的重要途径。从课程建设维度来看，值得借鉴的成效经验如下。

1. 课程内容与时俱进

紧跟新商科领域的最新发展，不断将前沿的商业理论、技术和案例融入课程中。积极推进校企产学研工作，与行业领军企业合作开设企业技能实践课程，在新商科人才培养方案中加大企业实践学分比重、增设企业实践项目，让学生确保学生接触到最新的商业知识和实践。同时，课程还涵盖了新兴的商业领域，如数字经济、大数据分析、人工智能在商业中的应用，在课程开发和教学中将新的技术手段融入进去，定期更新课程教学材料与实践内容。

2. 教学重视综合应用

无锡市高职院校构建了跨学科、综合性的课程体系，涵盖市场营销、电子商务、国际贸易、商务数据分析等多个专业方向，培养学生的综合素质和跨界能力。院校注重实践教学，通过案例分析、项目合作、企业实习等方式，让学生在实际操作中学习和掌握商业知识和技能。

3. 课程与产业紧密对接

无锡市高职院校与企业、行业组织等建立了紧密的合作关系，开展订单班，共同开发课程资源和设计实践教学环节，确保课程与产业需求的紧密对接。在此基础上，学校为学生提供与产业对接的实践机会，如企业实习、项目合作等，让学生在实践中学习和成长。

（二）新商科校企共建课程成效分析

依据无锡科院新商科人才培养成效评价中校企共建课程层相关的数据收集整理，通过 AHP-TOPSIS 法得出学校在校企共建课程方面的评价得分，可以直观看出 2021～2023 年区校一体化背景推动下无锡科院校企共建课程成效中在师资方面的变化情况。

无锡科院新商科专业群的人才培养的校企共建课程成效处于持续提升中，2021 年综合得分为 0.7569 处于相对较高的水平，到了 2023 年水平有了显著增长，为 0.8831，增长率已达到了高水平的人才队伍建设标准。区校一体化推动了校企合作，通过企业对人才的技能需求，促生校企共建课程，将企业实践技能融入学校课程教学。

（三）新商科校企共建师资成效分析

依据无锡科院新商科人才培养成效评价中校企共建师资层相关的数据收集整理，通过 AHP-TOPSIS 法得出学校在校企共建师资方面的评价得分，可以直观看出 2021 ~ 2023 年区校一体化背景推动下无锡科院校企共建师资成效中在师资方面的变化情况。

无锡科院新商科专业群的人才培养的师资成效处于持续提升中，2021 年综合得分为 0.6589 处于相对较高的水平，到了 2023 年水平有了显著增长，为 0.7985，增长率已达到了高水平的人才队伍建设标准。区校一体化推动了人才培养与产业的紧密合作，为新商科师资提供了更多实践机会。随着企业导师的加入以及学校教师双师队伍的扩大，教师队伍的整体素质和能力水平有了显著提升。新商科师资队伍得到了有效加强和提升，为地方产业出培养具有实践能力的高素质商科人才提供了有力保障。

（四）新商科校企共建实训基地成效分析

依据无锡科院新商科人才培养成效评价中校企共建实训基地层相关的数据收集整理，通过 AHP-TOPSIS 法得出学校在校企共建实训基地方面的评价得分，可以直观看出 2021 ~ 2023 年区校一体化背景推动下无锡科院校企共建实训基地成效中在师资方面的变化情况。

无锡科院新商科专业的人才培养的校企共建实训基地成效处于持续提升中，2021 年综合得分为 0.8611 处于相对较高的水平，到了 2023 年水平有了显著增长，为 0.9120，无锡科院从 2021 年起在校企合作共建实训基地这一细分指标上就处于高水平，这来源于学校得天独厚的地理优势。近三年发展过程中，共建实训基地数量与投入均有增长，即加强了校企合作的紧密度，又提高了地域性人才培养的质量。

（五）新商科校企产学研合作成效分析

依据无锡科院新商科人才培养成效评价中校企产学研合作层相关的数据

收集整理，通过 AHP-TOPSIS 法得出学校在校企产学研合作方面的评价得分，可以直观看出 2021～2023 年区校一体化背景推动下无锡科院人才培养成效中在校企产学研合作方面的变化情况。

无锡科院新商科专业群的人才培养的校企产学研合作成效处于持续提升中，2021 年综合得分为 0.4058 处于相对较低的水平，到了 2023 年水平有了显著增长，为 0.5568，无锡科院从 2021 年起在校企产学研合作这一细分指标上就处于较低水平。

（六）新商科社会评价成效分析

依据无锡科院新商科人才培养成效评价中社会评价层相关的数据收集整理，通过 AHP-TOPSIS 法得出学校在人才质量方面的评价得分，通过评价结果表可以直观看出 2021～2023 年区校一体化背景推动下无锡科院人才培养成效中在社会评价方处于持续提升中，2021 年综合得分为 0.3165 处于相对较低的水平，在之后的两年发展中，稳步增长为 0.5824。可以看出无锡科院在新商科专业群发展过程中，不仅综合得分稳步增长，细分维度社会评价也在逐步增长，但该指标相对于其他细分指标来说，较为落后，由于人才培养成效的滞后性，2021～2022 年增长效果并不明显。

第四节　新商科"区校一体"人才培养优化路径

无锡科院基于"区校一体"的新商科专业群经过近几年的精彩蝶变，人才培养取得了显著成效，为学校争创中国特色高水平学校奠定了坚实的基础。作为"高新区办学、办在高新区"的院校，既要树立传统高校教育理念，又要有服务高新区的创新思维，既要锚定新商科时代先驱者，又要打造高水平高职院校发展事业共同体，为推动无锡高新区经济社会发展作出了积极贡献。但是，在专业群建设过程中，专业基本情况、校企产学研合作和社会评价三个方面的人才培养成效还不够显著。以下着重就这三面问题进行新商科类专业群人才培养优化路径的探讨，以满足区校一体背景下新商科专业群的适应性变革。

一、精准对接现代服务业，提升技术服务力

专业群根据学校办学特点和发展需求精准瞄准高新区现代服务业，各专业间受益面广，优势互补效应和稳定性强。

首先，针对无锡市高新区岗位群就业岗位需求和产业升级变化，整合行业资源、专业优势和办学成果等因素，推动群内师资配备、资源配置和课程建设等要素的相互衔接，引入政行企校多方资源，保证专业群内各要素有效耦合，强化专业群内要素供给与市场需求的有效衔接。如加大新商科人才培养的资源投入：一是要加强在跨学科商科人才培养、制度革新、组织变革等方面的投入，具体包括提供财政支持、奖学金资助和研究项目的经费支持；二是要强化社会空间的发展和物理空间的合作，搭建有利于专业群交流和合作的平台，为新商科人才的培养提供良好的条件；三是要强化数字化教学资源建设，包括在线学习平台、教学软件和工具等，丰富学生的学习体验和资源获取途径。

其次，针对新商科专业群的高效能和可持续发展要求，提升整体技术服务力。如根据群内专业间的投入及产出效能进行衡量，重点培养专业群内发展潜力大、市场需求高的专业，并对专业群区域经济贡献度进行合理评估，为专业群的技术服务力的提升出谋划策，保障专业群服务高新区现代服务业的能力。

最后，集中和调配专业群内所有的人力资源和技术资源，组建跨学科、跨专业、跨部门、跨组织的社会培训团队和技能鉴定团队，为企业提供一对一定制化服务，发挥学校在技能人才培养和评价方面的主体作用，加强高新区新商科技能人才队伍建设，为全区经济高质量发展作出人才贡献。

二、深度产学研合作，提升产教融合黏度

要打造适应区域产业的有类型、有特色的专业群，要克服传统校企合作中存在的"校热企冷"问题，要以更开放的心态，搭建产教融合发展更高的

平台，变"一头热"为"两头甜"，提升产教融合黏度。

首先，要融合文化理念，将行业发展动态、人才培养与需求动态、产品研发、政策资金支持等要素转化为各方协同推进、优化创新的资源和动力，强化校企共建合作的文化价值观教育，让学生认同校园文化、接纳企业文化，强化其责任意识。

其次，要融合项目理念，以人才共育、平台共建和联合技术攻关等实际项目为载体，在校企合作中关注企业诉求，从而激发企业参与动力。一方面，利用科技成果反哺教学更好地服务育人成效；另一方面，发挥职业教育的社会服务功能，助力区域经济发展。学校应紧紧围绕"搭平台、抓项目"，以国家级项目及省部级科研平台的申报和建设为抓手，不断健全完善科研管理制度，优化创新科研服务体系，以对接产业发展为主攻点，以服务地方经济建设为落脚点，走出一条"科研兴校、服务地方"之路。此外，结合自身特点和优势，坚持瞄准经济社会发展主战场，不断深化科研体制机制体系改革，大力推进原始创新，合力打造成果转化孵化平台，建立以市场为主导的技术转移转化体系，实现多项科技成果的转化，为推动无锡高新区经济社会发展作出积极贡献。

最后，要融合多方利益，在订单班人才培养、项目合作、技术研发、实习就业、社会服务和文化传承等领域，通过跨界整合，融合资源要素，实现多组织竞合共生、共进发展，不断提升产教融合的层次和水平，使企业获得合理投入产出利益比，提高企业参与产教融合的积极性。

三、专业与产业同步发展，提升人才培养社会认可度

高职院校强化内涵、提升质量的突破点和着力点在专业群建设，依据调研评价结果，专业群要建立起全过程动态调整和分类管理机制，使专业群"组群""调群"由内部调整向外部对接转变，专业与产业同步发展，确保产业需求对接机制更加精准有效，实现教育链、人才链与产业链的紧密对接。

要建立健全新商科人才培养质量监管机制，确保新商科专业群的教学设

计符合行业和社会需求,教学质量得到有效监控和评估。一方面要建立明确的新商科人才培养目标和评估标准,确保学生获得全面的跨学科商科知识;另一方面要采用多元化的评估方法,包括课程评估和学生评价等,全面评价培养质量,且要建立持续改进机制,确保新商科人才培养的高质量,以满足不断变化的市场需求和行业发展趋势。

参考文献

［1］韩飞，郭广帅．职业教育驱动新质生产力：逻辑意蕴与实践路径 ［J/OL］．职业技术教育，1－7［2024－05－30］．http：//kns.cnki.net/kc-ms/detail/22.1019.G4.20240312.0959.004.html.

［2］闫志利，王淑慧．职业教育赋能新质生产力：要素配置与行动逻辑 ［J］．中国职业技术教育，2024（7）：3－10.

［3］任志宽，李栋亮，马文聪，等．国家战略科技力量培育与新型研发 机构发展——基于嵌入的视角［J/OL］．科学学研究，1－20［2024－05－ 30］．https：//doi.org/10.16192/j.cnki.1003－2053.20240017.003.

［4］左和平，李秉强，左璇．我国职业教育的适应性：内涵、特征与政 策方向［J］．教育学报，2023，19（6）：90－102.

［5］刘志彪，凌永辉，孙瑞东．新质生产力下产业发展方向与战略—— 以江苏为例［J］．南京社会科学，2023（11）：59－66.

［6］华冬芳．科教融汇视域下职业院校科研治理：逻辑、困境与路径 ［J］．职业技术教育，2023，44（10）：31－36.

［7］李秋霞，陈晓乐，肖斌．职业教育适应性的生成逻辑［J］．教育与 职业，2023（6）：19－26.

［8］李春鹏，陈正振．增强职业教育适应性的逻辑内涵、观察表征及实 践路径［J］．教育与职业，2022（22）：34－38.

［9］沈中彦，方向阳．高质量发展背景下增强职业教育适应性的价值取 向与实践路径［J］．教育与职业，2022（14）：5－12.

［10］华冬芳，吴桑．走向高质量发展：长三角地区职业院校合作动因、 困境与路径［J］．中国职业技术教育，2022（7）：30－36.

［11］沈兵虎，王兴，顾佳滨．增强职业教育适应性的若干关键问题［J］．中国职业技术教育，2022（1）：60－66.

［12］柯婧秋，闫广芬．职业教育区域一体化发展：动力、内在机理与实现路径——基于新制度经济学的视角［J］．大学教育科学，2022（1）：120－127.

［13］王亚鹏，唐柳．高职教育适应性：内涵、目标、逻辑及机制［J］．职业技术教育，2021，42（28）：37－43.

［14］徐黎明．省域高职教育治理现代化的内涵、重要性和推进策略研究［J］．中国职业技术教育，2021（19）：13－17.

［15］郝天聪，石伟平．知识论视角下的高职院校科研定位探析［J］．江苏高教，2021（6）：25－30.

［16］冯贞，华冬芳．高职院校新商科专业"双师型"教师的能力要求、培养困境与提升策略［J］．职教通讯，2021（5）：98－103.

［17］王琴．长三角职业教育一体化发展：制约因素与推进策略——基于长三角联合职业教育集团的调研［J］．教育发展研究，2021，41（7）：61－67.

［18］蔡劲松，刘建新．"十四五"时期高校科技治理现代化的逻辑与路径［J］．北京航空航天大学学报（社会科学版），2021，34（2）：13－20.

［19］王宏兵，华冬芳．高职院校师资队伍提质培优：新要求、新挑战与新路径［J］．职教论坛，2020，36（11）：88－93.

［20］荣长海，高文杰．职业教育治理的现状、问题和对策［J］．教育与职业，2020（17）：5－11.

［21］李政，徐国庆．我国职业教育治理结构转型：内涵、困境与突破［J］．西南大学学报（社会科学版），2020，46（4）：78－85.

［22］刘晓．高职学校高水平专业群建设：组群逻辑与行动方略［J］．中国高教研究，2020（6）：104－108.

［23］李阳．职业教育改革的社会支持系统研究［J］．职业教育（下旬刊），2020，19（6）：43－51.

［24］高丽娜，蒋伏心．长三角区域更高质量一体化：阶段特征、发展困境与行动框架［J］．经济学家，2020（3）：66－74.

［25］周瑛仪．应用研究驱动的高水平高职学校建设［J］．高等工程教育研究，2020（1）：160－164．

［26］张学良，杨羊．新阶段长三角一体化发展须处理好几类关系［J］．学术月刊，2019，51（10）：39－45．

［27］华冬芳．新经济背景下高职教育新商科人才培养研究［J］．无锡商业职业技术学院学报，2019，19（4）：7－11．

［28］张红．高职院校高水平专业群建设路径选择［J］．中国高教研究，2019（6）：105－108．

［29］李北伟，贾新华．基于产业转型升级的高职院校专业设置优化策略研究——以广东省为例［J］．中国高教研究，2019（5）：104－108．

［30］邓小华．职业教育治理现代化的中国逻辑［J］．中国职业技术教育，2019（10）：51－58．

［31］郝天聪．长三角地区职业教育服务经济社会发展的能力、挑战与改革思路［J］．职业技术教育，2019，40（4）：38－43．

［32］张栋科．高职院校专业群建设的行动逻辑反思与重构——基于功能结构主义的视角［J］．教育发展研究，2019，39（1）：17－24．

［33］侯小雨，曾姗，闫志利．天津市高职院校专业设置与产业结构的适应性研究［J］．新疆职业教育研究，2018，9（3）：38－43．

［34］肖凤翔，肖艳婷．高职院校治理之维：研究综述及展望［J］．职教论坛，2018（5）：13－18．

［35］蔡丽娜．近十年我国高职院校专业设置与结构调整研究综述——基于2008—2017年知网期刊文献的统计分析［J］．中国职业技术教育，2018（5）：5－11．

［36］李博．江苏省高职教育社会服务现状及能力提升路径研究［J］．职教通讯，2017（29）：1－4＋9．

［37］尤莉．大学学术资源指标优先性评价及配置路径——基于对不同利益相关者的实证调查［J］．现代教育管理，2017（10）：43－49．

［38］马建富，周如俊，潘玉山，等．职业教育专业结构与产业结构吻合度研究——以江苏省为例［J］．职业技术教育，2017，38（15）：38－44．

［39］梁丹，徐涵．职业教育专业结构与产业结构的协调性评价研究——

以辽宁省为例［J］. 现代教育管理，2016（12）：58 - 64.

［40］张春晓，李名梁. 利益相关者逻辑下职业教育治理模式构建研究［J］. 职教论坛，2016（4）：39 - 44.

［41］杜怡萍. 高等职业教育专业设置的问题与对策［J］. 教育与职业，2014（3）：19 - 22.

［42］沈建根，石伟平. 高职教育专业群建设：概念、内涵与机制［J］. 中国高教研究，2011（11）：78 - 80.

［43］张衡，王琦. 高职专业生成机制创新探究［J］. 教育与职业，2010（36）：25 - 28.

［44］胡赤弟. 论区域高等教育中学科—专业—产业链的构建［J］. 教育研究，2009，30（6）：83 - 88.

［45］李建求. 论高职院校的专业建设［J］. 高等教育研究，2003（4）：75 - 79.

［46］陈晓芳，陈昕，洪茳，等. 新文科下商科人才培养：时代要求与路径选择［J］. 天津大学学报（社会科学版），2024，26（3）：241 - 249.

［47］姜文魁. 数字化转型背景下职业教育新商科人才培养研究［J］. 教育与职业，2024（7）：109 - 112.

［48］席酉民. 数智时代的工商管理［J］. 经理人，2024（3）：56 - 59.

［49］桂韬. 南京江北新区人才需求与高职人才供给耦合探究［J］. 江苏经贸职业技术学院学报，2023（6）：59 - 62.

［50］孙湘湘，陈章旺. 面向数字经济的新商科人才培养路径研究［J］. 经济研究导刊，2023（23）：126 - 129.

［51］夏莹，邵元君，朱红萍. "一带一路"背景下职业院校协同企业出海新型商科人才培养模式创新［J］. 中国职业技术教育，2023（29）：36 - 40.

［52］黄海波，谢凯，秦芳，等. 产业匹配需求与工程师供给缺口研究［J］. 经济理论与经济管理，2023，43（6）：42 - 59.

［53］孙芳城，钟廷勇，罗勇. 产教深度融合的 MPAcc "财经素质链"人才培养模式创新与实践［J］. 重庆工商大学学报（社会科学版），2022，39（2）：156 - 163.

［54］王向红．立地式研发：职业院校产教深度融合的新途径［J］．中国高教研究，2018（12）：98-101．

［55］王烽，孙善学，姜大源，等．"职业教育治理体系和治理能力现代化"专题笔谈［J］．教育与职业，2020（20）：5-13．

［56］焦磊．高等教育利益相关者理论研究的进路［J］．高教发展与评估，2018，34（4）：1-8+103．

［57］华冬芳，王宏兵．高职院校"扩招生"学习策略：学习动机、学习期待的影响机制［J］．职业技术教育，2020，41（34）：30-35．

［58］刘志彪，徐宁．统一市场建设：长三角一体化的使命、任务与措施［J］．现代经济探讨，2020（7）：1-4．

［59］李鹏．嵌入性变革：中国职业教育管理的历史、问题与反思［J］．江苏高教，2021（1）：110-115．

［60］宗晓华，冒荣．合作博弈与集群发展：长三角地区高等教育协同发展研究［J］．教育发展研究，2010，30（9）：1-5．

［61］袁晶，张珏．长三角区域高等教育一体化发展：动因、内涵与机制创新［J］．中国高教研究，2019（7）：33-38．

［62］蔡岚．合作治理：现状和前景［J］．武汉大学学报（哲学社会科学版），2013，66（3）：41-46．

［63］锁利铭，李雪，阚艳秋，等．"意愿—风险"模型下地方政府间合作倾向研究——以泛珠三角为例［J］．公共行政评论，2018，11（5）：99-116．

［64］胡秀锦．长三角地区职业教育合作发展机制探析——基于历史和现状的考察［J］．职教论坛，2013（4）：77-81．

［65］任占营．新时代深化职业教育评价改革的现实意义、政策路径和成效表征［J］．职教论坛，2021，37（8）：14-20．

［66］任聪敏．职业教育开展增值评价的理论构建与路径探索［J］职教论坛，2021，37（7）：40-44．

［67］潘海生，林晓雯．建立作为教育类型的职业教育的评价方式［J］．中国职业技术教育，2021（4）：5-11+17．

［68］徐娟，章劲松，闫新乾．基于灰色关联度的职业教育集团化办学

成效评价模型及应用 [J]. 职业技术教育，2013，34（17）：62 – 64.

［69］刘静. 基于层次分析法的职业教育评价指标体系建立与优化 [J]. 现代职业教育，2023（28）：17 – 20.

［70］齐梅，孙海，时允昌，等. 基于三角模糊数—TOPSIS 模型的省域社区教育发展成效评价实证研究 [J]. 合肥师范学院学报，2023，41（2）：73 – 77.

［71］张拓，黄佩思. "互联网 ＋"背景下高职电子商务专业社团与大学生创新创业能力培养 [J]. 办公自动化，2020，32（6）：20 – 22.

［72］薛雯霞. 基于"岗内分层，岗间分序"的中高职衔接电子商务专业课程体系研究初探 [J]. 电子商务，2016，25（5）：87 – 89.